藍學堂

學習・奇趣・輕鬆讀

# 一本書
# 讀懂利率

趙慶燁、盧泳佑————著　陳柏蓁————譯

利率就是錢的時間價值！
40個關鍵概念，解析利率為什麼有高有低，該怎麼用它才聰明

세상 친절한
⑤％금리수업 ％⑤

조경엽、노영우

# 目次

**推薦序** 我們即將走進「更高、更久」的
高平利率時代　**唐祖蔭**　　　　　　　006

**推薦序** 利息先生，此時此地的你是誰？　**劉瑞華**　009

**作者序** 用利率看懂世界經濟　　　　　　012


|第1章| **利率的誕生**

01 魯賓遜的數學式　　　　　　　　　016

02 交換經濟與利率　　　　　　　　　021

03 貨幣的登場與利率　　　　　　　　025

04 利率的演進　　　　　　　　　　　028

05 通貨膨脹與利率　　　　　　　　　032


|第2章| **利率與銀行**

06 銀行結構與利率　　　　　　　　　038

07 中央銀行與利率的分歧　　　　　　042

08 韓國銀行基準利率的政治經濟學　　047

09 利率民粹主義的誘惑　　　　　　　052

| 第3章 | 利率與經濟 |

| 10 | 債券價格與利率 | 060 |
| 11 | 長短期利率倒掛 | 066 |
| 12 | 景氣循環與利率 | 073 |
| 13 | 政府的財政政策與利率 | 077 |
| 14 | 貨幣政策與利率 | 083 |
| 15 | 利率是危機的訊號 | 089 |
| 16 | 利率的反撲與新型金融危機 | 096 |

| 第4章 | 利率與匯率 |

| 17 | 利率是樹木，匯率是森林 | 102 |
| 18 | 利率、匯率、國家破產 | 109 |
| 19 | 經濟政策的三難困境與利率 | 116 |

| 第5章 | 利率與美國的金融霸權 |

| 20 | 決定全球利率的美國聯準會 | 120 |

**21** 聯準會的「兩個目標」 125

**22** 用利率與市場拔河 128

**23** 破壞市場規則的美國 132

**24** 美國的政治與利率 137

**25** 美國是否開啟高利率時代 144

| 第6章 | **由美國掌控的全球利率**

**26** 韓美利率差與經濟政策 150

**27** 動搖的美元霸權 157

**28** 追隨美國的歐元區 164

**29** 不跟美國走的中國 170

**30** 與美國唱反調的日本 177

| 第7章 | **資產市場與利率**

**31** 資產價值隨著利率有漲有跌 186

**32** 股票市場與利率 189

**33** 房地產市場與利率 196

**34** 加密貨幣是否開啟利率的未來？ 202

| 第8章 | 生活中的利率 |
|---|---|

**35** 月薪與利率　208

**36** 機動利率與固定利率　213

**37** 政策資金釋出利多，總有人負擔利率　221

**38** 到哪兒都躲不掉利率　225

**39** 「保證高獲利」是金融詐騙　232

**40** 高利率下誰能獲利　234

**後　記**　237

# 推薦序　我們即將走進「更高、更久」的高平利率時代

唐祖蔭（資深財經工作者）

本書此時出版，相信會得到不少讀者的共鳴。

一是全球央行過去一年半的升息，讓金融海嘯以來長達15年廉價資金的時代戛然而止。資產價格重新計算、股市跌跌撞撞、房屋買氣消退、美元保單乏人問津；美國公債價格連跌二年，今年眼見將是連續第三年，打破美國有史以來公債最長下跌的紀錄。過去穩穩收息的債券投資人驚覺，債券價格也可以跌到心痛。

二是全球正經歷的通貨膨脹。如果通脹是來自強勁的需求拉動，有錢賺也有錢花，大家都受惠；然而目前通脹主要是來自成本的推升。疫情、戰爭、油價、運價、在地化製造、供應鏈重組、人口老化，以及愈來愈高的減碳要求，都直接間接造就成本上升。疫後紅利結束，下一波需求銜接不上，全球恐將進入一段停滯性通膨時期，而我們已經40年沒有遇過這樣的情況了。

上述這一切，利率都扮演著影舞者的角色。央行升息有其原因，這裡不多贅述，然而大幅升息的結果，的確影響了每一個人的生活。摩根大通執行長戴蒙（Jamie Dimon）曾說：「利率從0升至2%，幾乎就像沒有升息。從0升至5%會讓一些人措手不及。」歷史上主要央行兩次把利率降到零，都有金融層面的系統性風險原因。我們不可能預期這樣的風

險會不斷出現，然而當前成本上升卻是扎實的結構改變。兩相對照，我們可以判斷，即使未來面臨景氣下行，央行也只會「合理的」降息。極低利率時代不容易再現，「貨幣政策正常化」不會是一句口號，我們即將走進「更高、更久」的高平利率時代。

　　本書是一本講述利率的基礎入門書，非常適合「知其然，想知其所然」的普羅大眾。利率每個人都知道，然而不是每個人都能理解利率與貨幣、銀行、通膨、匯率、景氣循環、貿易收支、股價、房地產之間千絲萬縷的關係。作者用非常易懂的方式解釋了利率、貨幣、通貨膨脹的觀念（本書第一至四章），如果對利率只有概念，想知道來龍去脈的讀者們，這四章可以建立清楚的觀念。

　　利率是維繫金融體系的主要工具，大國將利率政策延伸至金融霸權，也是國際金融世界最現實的一環。美國長期利用利率工具維持其霸權（本書第五、六章），就算是貨幣政策逐漸與美國不同調的中國、日本，也得隨時關注其貨幣政策的走向和利率的變化。更不用說和美國貿易關係緊密的歐洲和新興國家，包括韓國和台灣。

　　兩位作者是韓國經濟財經專家，字裡行間不斷提到韓國的經濟，包括韓美利差、韓元兌美元匯率等。在談到房地產與利率（本書第七章）時，提到韓國獨有的「全租房」（Jeonse）模式，不過書中只突顯其獨特性，未著墨對經濟的深刻影響。在低利率時期，全租房制度形同鼓勵房東加大槓桿炒房，房客能以低息租房，是韓國房價居高不下的主因之一。2020年因為疫情降息至0.5%，房價開始上漲，2022年中開始升息，至2023年2月升至3.5%的高位，戳破了地產泡沫，房東負債壓力加

大，倒閉或違約頻傳。2022年首爾公寓房價就下跌22%，成交量更暴跌七成。儘管如此，韓國的房價依舊偏高，以國人熟知的房價—所得比來看，韓國民眾平均不吃不喝才能買房的年數，2019年為17.6年，2022年為29.4年，今年為26年。利率對房地產價格，延伸到所得分配、消費能力、貧富差距、社會福利……，影響不可謂不大。

現今金融世界的利率、貨幣和經濟活動，不再像書中舉例的玉米和牛肉交易那麼單純。利率影響工作和生活的程度，恐怕比股市還來得深遠。在久違的高利率環境下，如何賺錢、如何花錢、如何省錢、如何投資；大到買房買車，小到星巴克儲值和使用信用卡，都出現了變化（本書第八章）。身在其中，不可不知。

最後一提。當筆者看到書中第一章提到「朝三暮四」的例子，解釋利率的時間價值時，不禁會心一笑。這個例子正是當年準備碩士班考試時，經濟學的考題之一。考題有對錯，真實世界卻沒有正確答案；政策沒有絕對，結果也不會立刻顯現。利己和利他的政策選項之間，決策者往往選擇前者。不過，任何政策都是雙面刃，常和其他政策間往往互為抵觸。書中提到物價、匯率、景氣（資金流動）的三難困境，早在孟岱爾（Robert Mundell）的三元悖論中給出解答：資本自由進出、匯率穩定、貨幣政策獨立，三者之間只有程度上的取捨，本來就無法兼得！

# 推薦序　利息先生，此時此地的你是誰？

劉瑞華（清華大學經濟學系教授）

　　利率真的很難搞懂。如果你不以為然，認為利率就是利息對本金的比率，利息則是金錢借貸的價格，那麼你應該閱讀這本書，因為你認識的可能只是利息的一種樣子，而它其實是資本主義舞台上多重人格的角色。這個配角有時會是鼓勵主角們勤勞節儉奮發上進的天使，有時會是壓榨剝削討債索命的魔鬼。

　　造成利息具有多重性質的原因是，雖然利率是一種價格，但是它出現在許多不同的市場中，因此隨著市場的日新月異，利率跟著千變萬化。借貸須有利息在西方歷史早存在於希臘時代，雙方會在神殿前交易，借錢的人要對神發誓照約定還錢。羅馬時代已有人靠為人討債維生，他們的報酬是來自利息。到了中世紀，由於基督教禁止收取利息，放貸收息成了猶太人的特色，給他們招來不少醜化的描述。

　　雖然連國王都大舉借錢，但是由於宗教的壓力，古代文獻對利息大多遮遮掩掩，直到經濟學誕生才誕生。經濟學對利息的了解也花了很長時間。從亞當・斯密（Adam Smith）在十八世紀開啟的古典學派，雖然指出資本的存在，但是對於利息與利潤經常區分得不清楚。到了馬克思（Karl Marx），更是把資本當成剝削工具，不在乎利率作為資本的報酬會由市場決定。新古典經濟學總算肯定資本對生產的貢獻，給利率一個合理的解釋。不過，真正發現利率的多重人格，還是因為二十世紀經濟學

對貨幣的了解。

　　凱因斯（John M. Keynes）與他同時代的經濟學家漸漸發現，利息不僅與存錢（儲蓄）與借錢（資本）有關，它還和錢本身（貨幣）有關，而且利率在三種市場中作用不同，卻有同一個身分。在商品市場中，利率是不花錢消費而能換得的代價，存錢有利息可以增加所得。在資本市場中，儲蓄轉變成資金供給，借給需要資金的人。資金需求除了為立即消費，更重要的原因是用於投資，於是利率成了投資的成本。

　　除了資本市場的借貸價格，利率的另一個愈來愈強大的角色，是決定貨幣供給的增減。表面上，各個國家的通行貨幣來自政府印製的鈔票，然而全部的貨幣供給數量還包括銀行貸款。銀行貸款的利率雖然由資金市場的供與需所決定，但是影響最大的力量則在決定基本利率的中央銀行。央行調升或調降基本利率，資本市場利率會跟著升或降。

　　由於銀行貸款具有創造貨幣的功能，利率調整對於存款與貸款的作用明顯不對稱。例如升息能增加存款的幅度很小，卻因提高投資成本而減少貸款，造成貨幣供給下降。凱因斯經濟學揭穿了利率影響貨幣供給的這個性格，讓政府將其召喚出來成了利率的強勢人格。利率成了貨幣供給的工具，資本市場只能隨之起舞。

　　當經濟不景氣時，等待資金市場供需調節讓利率下降，不僅曠日廢時，還可能根本因物價下跌使實質利率高居不下，央行降息只需一場會議。同樣的，遇到通貨膨脹，哪能等生產與消費調節拉下物價，央行升息幾碼通常立即見效，如果還未達目標，那就再升幾碼。

　　然而，央行掌控利率的力量再強，仍然不能消滅其為資本價格的

性格，而且資本市場的價格機能是資本主義能達成效率的原因。操控利率不成功，搞壞經濟的例子比比皆是。了解利率有多重人格的人應該尊重它的平衡發展，然而手握權力的政府往往無法抗拒用這服特效藥的誘惑。搞懂利率已經不容易，避免有人懂了之後亂搞，恐怕更難。

# 作者序　用利率看懂世界經濟

　　以前利率好像沒有這麼常被拿來討論，不知道從哪天開始，利率突然變成生活中的重要話題。只要不是住在無人島、有從事經濟生活，誰都難以擺脫利率影響。利率用利息、獲利率、折現率……等許多種型態存在於人們生活周遭，每種利率也各有不同。

　　曾經有很長一段時間，人們幾乎忘了利率的存在，大家或許還因為零利率、負利率煩惱過。這是因為之前處於低利率的時間很長，貸款利率與利息並未造成太大壓力，才讓大家忽視利率的重要性。這次能讓人們再次重視利率，主要是從美國聯邦準備制度（Fed，Federal Reserve System）的理事會（以下簡稱聯準會）一連串升息動作開始。2022年美國聯準會連續第四度升息，一次調升利率3碼（0.75個百分點），將全球一起捲入升息的暴風圈，震撼國際經濟與金融市場。

　　現在，全世界只要聽到美國聯準會又打算要調整利率，各國無不繃緊神經。FOMC[1]在韓國成為一個財經用語，就像亞洲金融風暴期間的IMF[2]一樣。升息多少、利率會高到多少、在高點會維持多久、何時開始降息、降息速度多快、利率會降到哪裡……等，市場上充斥著各種

---

① 譯註：Federal Open Market Committee，美國聯邦公開市場委員會。
② 譯註：International Monetary Fund，國際貨幣基金。

分析與預測。這些現象再再顯示，美國因為擁有國際儲備貨幣（reserve currency）——美元，在金融市場上握有霸權。

只要美國宣布利率，全世界都得跟著走，是個不爭的事實，各國只能依照美國的經濟政策稍加微調。在超低利率時代，先進國家與新興國家多少還能自主調整利率發展經濟，現在美國的高利率政策排山倒海而來，瞬間席捲世界各國，全球經濟都被美國牽動。

不僅如此，美國與中國的競爭讓全世界劃分成兩大陣營。美國從科技、貿易、產業等多方面積極發動攻勢，即使中國有意與美國一較高下，也無法輕易從美國訂下的利率脫身。金融霸權左右著未來這場競爭的成敗，美元（國際儲備貨幣）及利用美元制訂的利率政策又是關鍵。中國雖然在科技巨擘（big tech）、數位、新科技等方面已追上美國，但在金融領域依然有不少差距。就連歐洲、日本等先進國家都受美國影響，俄羅斯、巴西等金磚國家與新興國家更不用說。如果美國主導的高利率基調持續，以往的縮減購債恐慌（taper tantrum）有可能捲土重來。

在這個一有風吹草動、各國就會立刻受影響的地球村時代，本書將說明世界經濟如何因為利率發生改變，分析一國的經濟與金融市場如何受利率影響、如何調整。金融市場錯綜複雜，利率更是瞬息萬變，所有經濟活動與金融市場可說是以利率為軸心交織在一起。我們在撰寫這本書的過程中深刻體認到這一點，因此採取由淺入深的方式進行說明，搭配相關圖表與圖片，讓讀者容易理解。

本書的前半部介紹利率的誕生與變動、銀行的出現與中央銀行的發展，分別討論利率與公債、中央銀行角色、匯率的關係。公債緊扣政府

政策，匯率反映各國的貨幣價值。接著透過利率的原理與結構，探討美國決定利率的過程，以及主要經濟區的貨幣政策如何互相影響。最後才會討論民眾在日常生活比較有感覺受利率影響的股市、債券市場、房地產等資產市場，分析生活中因利率變動對經濟行為的作用。

今日你我都受利率影響。利率的存在平常雖然若有似無，不容易察覺，某一天可是會突然變成大怪獸在市場上攪局。19世紀末發生過幾次金融恐慌，1929年發生經濟大蕭條，兩次世界大戰後發生金融失序與惡性通貨膨脹（hyperinflation），1970年代有尼克森衝擊（Nixon Shock）、2008年由美國的次級房貸（subprime mortgage loan）引發全球金融海嘯、2010年歐洲爆發財政危機。這些經濟事件的根源都有利率作祟。除此之外，預料外的新冠肺炎（COVID-19）疫情帶來了新的經濟危機，這個影響至今依然持續。

面對再次來臨的「高利率時代」，期盼讀者能因為閱讀本書，了解利率影響經濟發展的原理。雖然我們主修經濟與金融，實務上也從事相關工作，還是一直覺得經濟與金融很難。身為長期投身金融領域的新聞工作者與研究員，我們以畢生的知識與經驗整理出核心架構，搭配各種案例說明，力求文字淺顯易懂。若內文有誤植或過度強烈的個人色彩，歡迎各界來信賜教，改版時將予以修正。

| 第 1 章 |

# 利率的誕生

# 01 魯賓遜的數學式

　　「魯賓遜，一位出生在約克的水手經歷了驚奇之旅。他是船難的唯一倖存者，在鄰近美洲大陸奧魯克諾河口的孤島上求生，獨自生活了28年，最後終於奇蹟似地被海盜船救起。全文以第一人稱敘述。」這段文字出自英國小說家丹尼爾‧笛福（Daniel Defoe）的世界名著《魯賓遜漂流記》（*Robinson Crusoe*），其實是小說原本的書名。故事的主角魯賓遜獨自在無人島度過28年，生活中潛藏許多經濟原則。雖然內容描述魯賓遜過著有如原始人般的生活，卻也告訴讀者魯賓遜每天工作幾小時、吃多少東西、睡眠時間多長……等，不斷地從事著「經濟性」的決策，甚至包括計畫現在與未來。

　　故事的描述方式大致如下：魯賓遜所在的無人島水邊有10條魚，魯賓遜靠捕魚裹腹。某一天魯賓遜發現，每隔1年，魚就會生出1條小魚。魯賓遜突然煩惱起來，因為如果現在不把魚抓來吃，1年後1條魚就會變成2條。考慮到短期內似乎還離不開無人島，魯賓遜猶豫究竟是要現在吃掉1條魚，還是1年後吃掉2條魚，必須從中做出決策。因為魯賓遜如果今天抓了1條魚吃，1年後就不能吃到2條魚。此時魯賓遜的腦中已經算出，今天1條魚的價值與1年後2條魚的價值相同。

　　於是魯賓遜開始盤算今年和明年的吃魚計畫。如果今年先吃掉10條魚中的5條，1年後依然有10條魚可以吃；如果今年先吃10條魚中的3條，1年後就有14條魚可以吃；如果今年先吃10條魚中的7條，1年後只剩6條魚能吃；如果今年忍住完全不吃魚，1年後就能有20條魚。簡單來說，1年後能吃最多魚的方法是今年完全不吃魚，明年就能吃20條魚，但是這樣的魯賓遜快樂嗎？當然不快樂。因為明明現在就想吃魚，卻得忍耐1年。因此，魯賓遜決定選擇今年和明年都能吃到差不多條魚的方法，就是先吃掉10條魚中的7條，只留下3條魚。這麼一來，剩下的3條魚1年後會各自生出1條魚，到時候就有6條魚可以吃。

　　如同前面的故事，就算是一樣的東西，價值也會因為時間不同而有所改變。1條魚1年可生出1條小魚，這是外在賦予的客觀條件。現在1條魚的價值與1年後2條魚的價值相同，決定了現在與未來的客觀交換比例。魯賓遜主觀評估今年吃魚與明年吃魚的相對價值，基於客觀條件無法改變，魯賓遜只能依照給定的條件做消費決策，決定是否用現在的1條魚交換未來的2條魚。這時魚的現在、未來、主觀、客觀交換比例就如同利率、利息的概念；魚的利率就是100%。

　　東方也有不少與利息有關的故事，其中又以「朝三暮四」最為人熟知。春秋戰國時代宋國有一位狙公（意即古代養猿猴的人），某天因為猴子的糧食不夠吃，狙公跟猴子說：「我打算早上給你們3顆橡實，晚上給4顆，眾猴意下如何？」猴子們聽了不太開心，認為早上吃的橡實比較少，肚子會餓，便向狙公抗議。於是狙公說：「這樣早上給你們4顆，晚上給3顆，應該可以了吧？」猴子們這時才開心同意，皆大歡喜。一

般人通常用狙公的「朝三暮四」諷刺短視近利的錯誤決策,因為橡實的總數一樣都是7顆,不會因為早上先得到4顆,整天下來的糧食總量就增加。另外還有一種比喻,用來諷刺執政者巧妙地運用話術愚弄百姓。但是就經濟學的角度來看,其實狙公養的猴子是天才,懂得計算利息。

在經濟學上,早上的1顆橡實和晚上的1顆橡實價值不同。通常人們對眼前的物品會賦予比未來更高的價值,這是經濟學裡的「時間偏好」(time preference),因為未來具有不確定性。回想在物資匱乏的年代,長輩如果向鄰居借米,還的時候通常都會比借的量多還一些。雖然可以理解成:因為你救了我的燃眉之急,基於感謝的心情,將來多還你一些。但是如果靜下來想,將來多還一些,正如同必須還多一點,才能和借的當時價值相同。人類的腦中一直存有這樣的概念,這種想法可看成是利息的起源。

朝三暮四裡的利息,可以從現在與未來兩個時間點分別計算價值。首先,把未來當作基準,計算橡實價值。如果其中一隻猴子(甲猴)早上寧願餓肚子不吃橡實,把獲得的3顆橡實借給其他猴子,並約好用各0.1顆作為利息,在傍晚收到橡實的時候一起收取。這麼一來,甲猴晚上就會有7.3顆橡實。7.3顆來自原本晚上就應該得到的4顆,加上早上借出,假設其他猴子都沒吃、依約在晚上返還的3顆,以及每顆附加0.1顆的利息。假如狙公早上給4顆橡實,晚上給3顆,甲猴把早上的4顆全部借出,同樣收取各0.1顆的利息,在其他條件不變下,當天晚上甲猴總共就會有7.4顆橡實。難怪猴子比較喜歡朝四暮三。

我們再改用現在作為基準,計算橡實價值。假如猴子早上得到3顆

橡實，晚上得到4顆，想把晚上得到的4顆橡實換算成現在的價值。這時候，必須把未來的橡實用現在的價值打折。因為未來存在著風險，沒人能預測將來會發生什麼事。時間到了，狙公可能反悔不給，也可能突然發生天災巨變，只要有任何突發狀況，都會讓猴子晚上拿不到橡實。因此，橡實的未來價值必須打折。假設折現率跟利息一樣，都是每顆橡實折現0.1顆，這樣計算出來的橡實總價值是3＋（4×0.9）＝6.6顆。如果換成猴子早上得到4顆橡實，晚上得到3顆，由4＋（3×0.9）計算出的

〔 **朝三暮四與現在、未來的價值計算** 〕

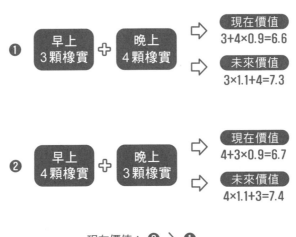

現在價值：❷ ＞ ❶
未來價值：❷ ＞ ❶

橡實價值只有6.7顆。從這裡可以確定，不管用現在或未來當作時間基準做計算，猴子選擇朝四暮三的價值都比朝三暮四高。這下子才終於了解猴子為何用心計較。

從經濟學的角度來看，狙公養的猴子清楚掌握了利息的概念，反倒是狙公完全不懂利息。因此我們可說，狙公的猴子用利息精算之後，做出了對自己最佳的選擇。像這樣利用朝三暮四的故事學習經濟，會比一般學習更有效果，更容易理解利息的核心來自於決策者對時間的偏好。

# 02 交換經濟與利率

　　一般人對利率與利息最大的誤解，不外乎「只有錢才會生利息」。現代經濟學裡，所有利息都由金錢計算而來，鮮少提及商品的利息。年利率10%的意思是，如果某甲借給某乙1億韓元，1年後某甲可以拿到1億1,000萬韓元。同理，如果某甲借給某乙100公斤的米，1年後某甲可以拿到110公斤。但在現代社會裡較少會發生跟人借100公斤米，所以乍看之下只有金錢才會產生利息。其實這個想法是本末倒置，因為早在金錢出現之前，利息就已經存在。

　　根據經濟史學者的文獻記載，西元3世紀的巴比倫尼亞地區，已經有借了白銀或大麥之後支付一定代價的紀錄。當時雖然沒有金錢與貨幣，但是生活在巴比倫尼亞地區的人知道，跟別人借東西，還的時候必須多還一些。早期的韓國也是如此。大麥是春末夏初至秋稻收割前的主食，但割麥之前經常發生糧食不足，如果向鄰居商借穀物，秋收之後償還大多會像付利息一樣多給一些。因此，利息不只跟貨幣有關，在物易物時也有利息存在。利率通常是指金錢產生利息，同理；就算是相同的物品，如果要把未來的東西拿到現在來衡量，必須支付一定代價，這個概念就是利率的起源。要詳細了解利率與利息，必須從沒有貨幣的狀態

來探討利息如何決定。

如同前面談過的朝三暮四，利息是基於現在、未來這兩個時間點的交易過程而產生。不論交易什麼物品，只要與時間有關，自然就會產生利息，並且在當下就會決定。至於交易為何與時間有關，是因為每個人的消費會因為時間不同而有所差異。舉例來說：假設某村莊裡有100戶人家，每位村民都有1公斤玉米。村民A家中有嬰兒出生，需要更多糧食。村民B是獨居，玉米會有剩下。此時，更需要玉米的A與玉米有剩餘的B就可以進行交易。對A而言，育兒要緊，現在的玉米比未來的玉米更有價值，就算現在向B借玉米，未來必須還更多，對自己還是有利。

但是B告訴A：「萬一將來你還不出玉米該怎麼辦？」話中藏著一絲不安。B認為在A還玉米之前，心中的擔憂很難消失，似乎在暗示A，借出玉米的代價，必須連未來的不確定性與內心的焦慮一起計算。

於是B向A提議，現在可以把剩下的玉米借你，將來你有玉米的時候，必須多還我一些。A評估現有擁有的玉米量及未來可能情況之後，開始和B講價。最後A決定向B借100公斤玉米，承諾秋收之後歸還110公斤，雙方履行契約。由此可知，在這場A與B的玉米借貸之中，利息是10公斤玉米，利率則是10％。

人在投資的時候，會因為不同時間對物品的需求有差異，以及物品的供給情況不一樣，而產生交易行為。承上例，某天村民C改良了栽種方法，把10顆玉米粒埋進土裡，隔年就能收穫13顆玉米粒，亦即開發出新的玉米栽種技術。C發現，如果現在不立刻吃掉玉米粒而拿去栽種，將來就能得到更多玉米粒，於是C開始向其他村民借玉米粒。C找上B，

向B提議：「如果你借我10顆玉米粒，將來我還你12顆！」因為C如果順利向B借到10顆玉米粒，種植之後將來可收穫13顆，扣掉還給B的12顆，自己還會多出1顆，對兩個人都有利。如果B接受C的提議，這筆交易的年利率就是20％。在這個故事裡面，有人為了消費、有人為了投資，在商借物品的過程，因為現在與未來的時間差而發生交易，並且透過利率協調，形成交易條件。

接著要探討幾個經濟學概念。利息會由現在及未來的需求與供給決定。需求的成因主要是消費與投資。相對於遙遠的未來，有些人更想現

〔 **決定利率的機制** 〕

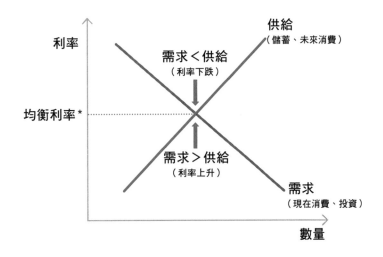

在立刻消費，即便必須多付利息，也想先跟其他人借玉米。另一些人想先投資，認為未來可以因為現在的投資獲得更多，因而產生消費以外的需求。因此，就算是相同物品，基於消費與投資目的，現在也會對未來產生需求。供給則來自於減少現在消費、更注重未來消費的人。這種減少現在消費、但增加未來消費的行為，如同是在儲蓄。這些人寧願犧牲現在的滿足，換取未來更富裕的生活。

　　這個章節一直在討論一個概念，相同物品會因為不同時間點，有不同的需求與供給，要在市場上達成交易，一定是基於某種條件。想從事消費或投資的一方，成為市場上的需求者；想減少現在消費來增加未來消費的一方，成為市場上的供給者。需求會隨著利率上升逐漸減少。想投資的人如果看到利率高於投資獲利率，會減少借貸物品，想消費的人亦是如此。相對之下，利率上升會吸引供給增加。利率就在需求與供給交會的時候達到均衡，決定出當時的均衡利率。

# 03 貨幣的登場與利率

　　前面的章節已經說明利率如何在人與人的交易過程中被決定。不過市場上的行為者不是只有個人，任何經濟市場都有扮演國家或政府角色的中央機構存在。政府的出現讓利息的概念有所改變，最先出現的改變是貨幣誕生。貨幣雖然能促進人與人之間的交易，但也是政府介入市場的起點，像是一把雙面刃。接下來將分別說明貨幣的一體兩面。

　　首先，貨幣讓人與人的交易變簡單。舉例來說：農夫想將自己耕種的稻米帶到市場，與其他人交換生活用品。但是自己生產的物品只有稻米，想交換的東西卻有很多。農夫想賣掉稻米幫女兒買新鞋、買家人想吃的肉，還想買酒跟朋友小酌。如果農夫要把米賣掉，買齊想要的三種物品，必須帶很多米到市場，背著米到處走，尋找賣鞋、賣肉、賣酒的人，非常不方便。於是人類想到變通的辦法，約定帶著像貝殼一樣方便攜帶的物品，把想賣的東西換算成貝殼，隨身攜帶貝殼進行交易。這麼一來，農夫如果遇到需要買米的人，就可以從對方手中獲得貝殼，把帶來的米全部交給對方，再繼續帶著貝殼逛市場，買鞋子、肉與酒，比背著米逛市場來得輕鬆。

　　不過這種方式必須要以有社會共識作為前提。如果人與人之間缺少

「把貝殼帶來就能換東西」的共識，絕對不會有人願意拿自己的物品跟貝殼交換。這時候出現一種中央機構的概念，類似國家與政府的前身。古代由部落或村落的首領訂規則，宣布只要持有貝殼，一定能交換物品，透過首領的強制力，使人民願意相信並且跟隨，開始用貝殼交換物品。

　　這個過程讓貝殼成為貨幣的原始型態。這裡有一個重點，在貨幣的雙面刃之中，為了推動貨幣通用，經常存在一個強制維持貨幣效力的權力集團。舉例來說：部落甲以貝殼作為貨幣，鄰近的部落乙用橄欖葉作

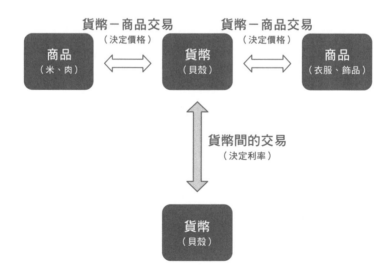

〔 決定價格及利率的機制 〕

為貨幣。某一天，兩個部落發生戰爭，最後是使用橄欖葉當貨幣的部落乙獲勝，這會讓貝殼失去貨幣功能。換句話說，貨幣與權力集團的關係無法完全切割。這個現象從古代的部落社會，一直延續到現代的國家與政府。政府發行貨幣並強制貨幣流通，實際上與古代部落的貨幣制度完全相同。

　　貨幣的出現，讓利息與利率的概念持續進展。在貝殼成為貨幣之後，利息變成只能用貝殼計算。因為只要手上持有貝殼，就能用貝殼交換各種物品，再也不用因為借了10根玉米，必須多還1根當利息，也不必因為借了1公斤牛肉得多還100公克。人跟人直接借貝殼，改天多還一些貝殼就行，計算方式簡單，你來我往的借貸也更方便。對現在需求更勝於未來的人而言，可以借貝殼到市場買東西；對現在物資很充裕的人，可以把貝殼借給需要的人，將來連利息一起收回，形成新的貝殼交易市場。在這個市場上，人們進行著借貝殼與還貝殼的交易，並且把取得的貝殼帶到商品市場，用來購買各種物品。

　　這麼一來，交易米、肉、衣服等物品的商品市場與交易貝殼的市場分離。如果專門從事貝殼交易，日子久了就會發現，借、還貝殼的時間不同，市場利率也有差異。舉例來說：某甲借了10個貝殼，1年後歸還要多還1個，若等2年才還，那時必須多還3個。這就是借貸期間不同出現的利率差異。因為借貸時間愈長，未來的不確定性愈大，因此還貝殼的時間相隔愈久，利率通常也會愈高。這種貝殼交易市場正是現代金融市場的起源。

# 04 利率的演進

　　隨著人跟人的交易增加，發展出更方便的方法，也出現扮演貨幣角色的物品，並且持續進化。在貝殼之後有青銅、白銀、黃金等，時代雖然不同，但一樣都是由容易交換、看起來又有價值的東西充當貨幣。這時利率的概念由下列三者的關係決定：現在價值優於未來價值的「心理」、想把未來價值提前到現在的「需求」、想把未來價值拿到現在當作「供給」。歷史上，扮演貨幣角色最久的東西是黃金。全世界都喜歡黃金，曾經有一段時間，黃金被許多國家當作貨幣流通。在黃金成為共通貨幣後，利息的計算愈來愈複雜。

　　由於許多國家都把黃金當作貨幣使用，為了擁有更多黃金，各國開始出現競爭。這些國家認為，只要有黃金，不管要多少其他國家的東西都可以買到。15世紀末哥倫布（Christopher Columbus）啟程航海，目的也是想利用與印度等新大陸的交易取得更多黃金。英國、法國等歐洲國家把亞洲、美洲、非洲大陸變成殖民地後，透過不公平貿易大量掠奪當地開採的金礦。這一切都是因為黃金被當作通用貨幣後，大家認為擁有比較多黃金的國家一定比較富裕。

　　不料，英國等歐洲國家在黃金增加之後，怪現象出現了。舉例來

說：假設英國利用殖民地大量取得黃金，使黃金的持有量變為2倍。不過英國人帶著更多黃金上街，買東西卻變成要用搶的。因為口袋裡的黃金增加，人們想用增加的黃金買更多東西，食物想多買、衣服也想多買。從前買1公斤玉米只需要1公克黃金，曾這樣交易過的人，現在打算用2公克黃金買2公斤玉米。但是英國的玉米產量每年差不多，即便從殖民地掠奪到更多黃金，玉米的總產量也不會忽然增加，導致玉米的供給相對缺乏。於是，開始有人想以1.5公克的黃金購買1公斤玉米，玉米賣家也樂於把東西賣給出高價的人，最後導致玉米價格上漲。

因為玉米的總產量固定，當貨幣（黃金）數量變2倍時，通常玉米價格也會變成2倍。以前雖然能用1公克黃金買到1公斤玉米，現在必須用2公克黃金才能得到1公斤玉米，如同物價與黃金持有量等比例上漲。18世紀英國哲學家休謨（David Hume）主張：「商品價格經常與貨幣數量成比例。」意思是，當扮演貨幣角色的黃金數量增加，物價也會等比例上漲。由於用黃金標示的物價上漲，利息的計算方法也變複雜。

在黃金數量增加前，假設1公斤玉米的價格是1公克黃金；某甲借1公斤玉米給某乙，1年可獲得100公克玉米當作利息。依照這個道理，如果某甲借1公克黃金給某乙，1年後某甲可連本帶利拿到黃金1.1公克，換算成利率是10％。假如1年後在市場流通的黃金數量增為2倍，某甲會去思考，借給某乙1公克黃金，1年後只能回收1.1公克，對我是有利的嗎？當然不利。因為現在雖然能用1公克黃金買到1公斤玉米，1年後1公斤玉米價格已經上漲到2公克黃金，到時候某甲用1.1公克黃金只能買到550公克玉米，怎麼算都是損失。

　　還記得前面提過獲得實質購買力的方式怎麼做嗎？雖然比較複雜，還是一起來算算看。物價上漲前，某甲把 1 公斤玉米（或 1 公克黃金）借給某乙，1 年後應該回收玉米 1.1 公斤（或 1.1 公克黃金）；這時的利率是10％。假設 1 年後物價上漲，玉米 1.1 公斤的價格變成黃金 2.2 公克。某甲如果想維持與之前將同的購買力，今年借給某乙 1 公克黃金時，明年必須連本帶利應回收 2.2 公克黃金才行，此時黃金的利率是120％。把物價上漲率100％加上未考慮物價上升的利率10％，再加上物價上漲率乘以未考慮物價上升的利率（100％×10％），得到的數字就是有考慮物價上漲率的利率。

　　物價上漲讓利率的計算變複雜。未考慮物價的利率稱為實質利率（real interest rate），考慮物價上漲率的利率稱為名目利率（nominal interest rate）。美國經濟學家費雪（Irving Fisher，1867～1947）將名目利率與實質利率的關係簡化成一條數學式，後人稱之為費雪方程式（Fisher equation）。費雪方程式是「名目利率＝實質利率＋物價上漲率」。但是在前面討論的例子裡，這條方程式並非恆等式，只能看成近似式。因為如果要求算式精確，必須寫成「名目利率＝實質利率＋物價上漲率＋物價上漲率×實質利率」。費雪為了簡化理論，假設物價上漲率×實質利率趨近於零。

　　在費雪方程式（名目利率＝實質利率＋物價上漲率）裡，實質利率雖然可以現在就決定，但是物價上漲率必須等到 1 年後才能確定。這麼一來，如果現在要從事金錢交易，就無法套用精確的物價上漲率。幸好我們可以用物價上漲率的預估值代替精確值，還是能算出現在的名目利

率。在前面的例子中，假設1年後的物價上漲率是90％，現在的名目利率就是實質利率（10％）加上預估的物價上漲率（90％），得出名目利率為100％。1年後如果物價上漲率比預期高，表示我們低估了名目利率；如果物價上漲率比預期低，表示高估了名目利率。因此，若要計算現在的名目利率，預測物價上漲率非常重要。

　　將費雪方程式放進2023年的案例，韓國的中央銀行（The Bank of Korea）預估2023年物價上漲率為3.5％。中央銀行的預估值代表民眾預期的物價上漲率（預期通貨膨脹率）。如果將實質利率看成投資的實質獲利率，這會接近實質經濟成長率。中央銀行預估的2023年實質經濟成長率為1.4％。2023年6月2日1年期公債年利率是3.501％，這是名目利率。將這兩個數值帶入費雪方程式，實質利率與物價上漲率合計（1.4％＋3.5％）得到4.9％，遠高於真正的名目利率（3.501％）。費雪方程式在這裡無法反映真實情況。

　　接著看另一個案例：2020年韓國物價上漲率0.5％、實質經濟成長率為-0.7％，1年期公債年平均利率為0.84％。將這些數值帶入費雪方程式，得到名目利率0.84％大於物價上漲率與實質經濟成長率的合計-0.2％。雖然實質利率與物價上漲率的加總會受當下經濟狀況影響，但是實際結果經常跟理論不一致。我們必須了解現實與理論有差異的原因，才能掌握利率的變化。

# 05 通貨膨脹與利率

　　在資本主義經濟之下，國家從使用黃金當作貨幣，進入由國家發行紙幣的階段。現在雖然大家常以刷卡替代支付現金，不過還是要由紙張印製成的鈔票才是貨幣。紙幣本身幾乎沒有價值，是政府印刷並且強制流通，才成為法定貨幣。為何會造成紙幣取代金幣，背後存在許多原因。

　　首先是紙幣的方便性。民眾攜帶金塊或金幣在外交易，難免會覺得不太方便，而且從開採金礦到製造出金幣，製造過程成本不低。除此之外，金幣還有經濟面的問題，其中一項是人們會毀損金幣的價值並使劣幣流通。

　　事情發生的經過就像這樣。剛開始製造1枚金幣需要10公克黃金。假設黃金10公克的價值是100元，這時金幣的實際價值也是100元。某一天，有人靈機一動把鑄造金幣的黃金減少為9公克，不足的1公克改用其他便宜金屬取代，混合銅、鐵，鑄造成外觀相似的金幣。這麼一來，這枚金幣的實際價值，只有9公克黃金代表的90元。但是一般人無法從外觀分辨到底含有多少黃金，於是變成用含金量9公克的金幣就能換到價值100元的物品。日子一久，消息不脛而走，含金量只有9公克的金幣在市場上流通不再是秘密，大家知道有人故意用比較少的黃金鑄造金

幣，愈來愈多人如法炮製。

　　結果，因為金幣裡的含金量只有90元價值，當賣家銷售價值100元的物品時，要求買家必須支付多於1個金幣。也就是說，買100元的物品，必須支付1個金幣再加 $\frac{1}{10}$ 個金幣。這還不是最糟糕的，之前已經用偷工減料1公克黃金嚐到甜頭的人，開始嘗試只放8公克黃金來鑄造金幣。消息傳開，連含金量只有7公克、6公克、5公克的金幣都出現了。市場上的賣家只好將物品售價提高到2個、3個或4個金幣。

　　在以黃金當作貨幣的時期，這種現象曾反覆發生。根據文獻記載，甚至有金幣的實際含金量只有2％，造成經濟秩序混亂，民眾對金幣失去信心，金幣最終喪失貨幣功能。這就是因為貨幣價值持續下跌，引發「通貨膨脹」（inflation）。前面提過因為國家的黃金數量增加而引發通貨膨脹，這次則是因為金幣貶值造成通貨膨脹，兩者的運作機制不同。這裡的通貨膨脹是金幣的含金量減少，屬於欺騙民眾的犯罪行為。

　　因為金幣的含金量減少引起通貨膨脹，國家要想辦法解決問題，於是下令所有的黃金都由政府保管，改用紙張印刷的貨幣流通。政府承諾，民眾只要有黃金需求，任何人都能拿紙幣來交換黃金，重申紙幣只能由政府印製，民眾如果私自印鈔將依法嚴懲。從此之後，民眾就改用政府印刷的紙幣購買商品。


## 從金幣到紙幣

　　紙幣流通讓民眾更方便交易，也讓獨占貨幣發行權的政府，對經濟

有更強的控制力，運作政府的官僚與政治人物，自然也有更大的經濟影響力。這麼說來，難道在政府發行紙幣的時代就沒有通貨膨脹問題？從歷史看來，並不盡然。起先，政府為了確保人民拿紙幣來一定能換到黃金，只印刷與實際黃金等量的紙幣。後來政府的心態改變，多印鈔票之下，情況生變。因為在用紙張印刷貨幣的時代，只要政府需要用錢，隨時都可以印鈔票，誘惑就愈來愈多。從事政治行為需要錢、萬一與其他國家發生戰爭、推動大規模國家計畫、舉行選舉⋯⋯等，政府總有各種理由會需要龐大資金。

個人會因為自身利益而製造「偽幣」，政府當然也會基於各種政治目的而印刷鈔票。名義雖然不同，一樣都是破壞貨幣價值。如果政府印刷的貨幣數量高於持有的黃金，民眾會懷疑自己持有的鈔票價值，想把手上的紙幣重新跟政府換回黃金。由於政府印刷的貨幣比黃金量多，民眾蜂擁而來兌換黃金，就會發生黃金短缺，政府只好行使國家公權力，下令停止用紙幣兌換黃金。現在世界各國已經沒有政府會讓民眾用紙幣兌換黃金，只強調會適當調節貨幣供給量，承諾不會對經濟造成負擔，以說服民眾放心。國家利用統治行為，動用強制力與說服力，要求民眾相信貨幣供給量不會貿然增加，確保紙幣能繼續流通。這就是貨幣經濟的發展背景。

回顧歷史，雖然政府可以動用獨占的貨幣發行權，但是盲目印鈔票的行為同樣不被允許。因為政府任意印鈔會使貨幣的價值降低，破壞經濟秩序，類似使用金幣的時代，民眾因為金幣的含金量逐漸減少，商品市場以金價標示的價格持續上漲，最後導致金幣喪失貨幣功能。因此，

## 〔 貨幣－物價－上漲的關係 〕

政府有義務確保流通在市場的貨幣維持適當數量。

　　在由國家發行貨幣、管理貨幣的貨幣經濟裡，利率的概念比用黃金交易時更鮮明。如同前面章節討論的內容，名目利率可以由貨幣價值表現，大約等於考慮時間偏好的實質利率加上預期物價上漲率。舉例來說：假設實質利率5％、預期物價上漲率3％，這時的名目利率就是8％。計算預期物價上漲率的時候，貨幣供給量是很重要的變數。如果政府的貨幣供給量增加10％，物價上漲率接近10％的可能性很高。因為政府負責管理貨幣供給量，明確知道自己發行了多少貨幣，只是沒向民眾公布，所以能算出比民間更精準的物價上漲率，造成個人與政府計算的物價上漲率的相關資訊不一致。此外，政府也可以利用政策增加、減少貨幣供給量，介入金融市場。假設政府增加貨幣供給量時，民眾將其反映在預期物價上漲率，認為物價即將同幅上漲，就會要求雇主同幅加薪。反之，當民眾沒意識到貨幣供給量增加，未向雇主要求加薪，薪資水準不變，這時候多出來的錢，就會成為政府實質運用的政策手段。這

種薪資水準維持不變，而政府增加貨幣供給量、在公共事業增加人員雇用，就是一個常見的例子，也是一國政府面對經濟不景氣經常採取的政策手段。

# 第 2 章

# 利率與銀行

# 06 銀行結構與利率

　　讓提供資金與想借貸的人接觸，在支付、收取利息的過程扮演中介角色之機構，就是銀行。為什麼會出現銀行？因為人的一生會有保管錢的需求，好作為將來的不時之需。大多數人年輕時賺到的錢比用掉的多，隨著年紀增長，變成用掉的錢遠多於賺到的錢。買房子或創業時，一次得支付一大筆頭期款，然而，賺錢的時候卻經常是一點一滴累積。由於收入與支出存在著時間落差，於是產生想找地方暫時保管錢的需求。

　　古希臘的城邦國家經常發生戰爭，每次人民上戰場，就會煩惱財產應該放哪裡，於是有人靈機一動，想到拿去放在「神殿」。神殿在當時是非常神聖的場所，也是民眾經常聚會之處，人民認為神殿相對安全，因此在上戰場前，把財產拿到神殿暫放，等戰爭結束才去取回。人類對財產的保管需求，不論是歷史上或社會上，一直都有其必要。

　　由於社會上出現了代為保管財物的需求，而且需求量愈來愈大，開始有人專門負責這件事情。主要是由有能力建造堅固的金庫、獲得大家信賴且願意託付錢財的人擔任。起先，因為保管人能安全保管財產，而且委託人需要的時候就能取回，委託人對保管人支付酬勞。類似保管人以代為保管的名義，向委託人收取一定比例的手續費。

　　後來出現一種有趣現象，發生在委託人把財物交付之後到取回之前的一段時間。A大多委託保管6個月後取回，B是1年，C則是超過2年還不見得會去取。因為這些人每次委託的期間大致可以預測，保管人D開始不再單純負責保管。假設A、B、C各委託D保管100元，D認為金庫裡只要平均剩下100元，就足夠支付歸還的款項（6個月後還給A 100元、1年後還給B 100元、2年後還給C 100元），另外的200元就不一定要一直放在金庫裡等待主人取回。

　　於是D開始把多出的200元借給有資金需求的人，提供貸款服務。到處都會有資金需求的人，而D這樣的保管人就把閒置資金借出並且收取利息。收利息是因為金錢的借貸如同個人之間的交易（現在價值與未來價值的交易）。換句話說，D拿別人的錢再去借給別人，找到輕鬆賺利息的辦法，而且這種利息收入意外好賺。假設D答應幫A、B、C保管錢，收取5％的保管費，同時把200元拿去做貸款生意，收利息10％，等於D從事貸款生意所賺到的利息比經營保管生意的收入還高。於是D開始想吸引更多人來寄放錢、取得更多閒置金錢，才能經營更多貸款業務、賺到更多利息。

　　為了吸引已經寄放錢的人再寄放更多錢，D改變經營方式，決定不再收取保管費，反而宣布對寄放錢的人支付利息。這麼一來，負責保管錢的D變成銀行，把錢交給D、還能收到利息的「存款」概念隨之而生。對銀行而言，存款是隨時必須歸還的負債。銀行接受形形色色的人來存款並支付利息，利用吸收到的資金從事貸款業務獲利，這是銀行的基本運作。貸款則是隨時都能回收的資產，銀行為了獲利，會把貸款利

率訂的比存款利率高。因此銀行的利率分為存款利率與貸款利率兩種，象徵存款利息與貸款利息差距的「存放款利差」概念便由此而來。

　　銀行看似很容易賺錢，其實要做的事情很多。首先，銀行必須找到手頭有閒錢的人，支付利息以吸引他們來存款，接著估算這些人平均多久會來提領，這是「平均到期」的概念。做完這項評估，才知道吸收到的資金有多少可以用來放款，正式把錢借給有貸款需求的人。之後，銀行必須時常注意貸款人是否有能力償還，也會煩惱萬一貸款人不還錢該如何追討。舉例來說：銀行跟貸款人簽約，將來如果貸款人無力清償債

〔 銀行的結構 〕

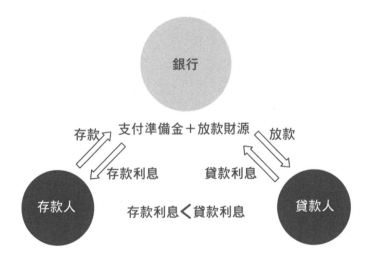

務，銀行可以處分貸款人的房地產或財產；或者由第三人做保證，當貸款人無力還款時，保證人必須代為償還。這就是「擔保」與「連帶保證」的概念。

接下來要從銀行的誕生背景，討論銀行的結構性問題。基本上，銀行收到客戶的存款後，只會留下其中一部分，其餘的錢會用來放款獲利。這中間銀行必須預估存戶的平均提款期間。現代經濟學將銀行為了應付存戶提款，事先保留的資金比例稱為「存款準備率」（required reserve ratio）。延續前面的例子，銀行總共收到300元存款，假設存戶平均只會提款100元，這時候的存款準備率大約是33％。現今社會儲蓄的人口增加，一次全部提光的情況比較少，實務上大多數銀行將存款準備率維持在10％以內。

但存戶會去銀行提款，有很大比例是受心理因素影響。雖然平常只有大約10％的存戶會去提款，如果突然發生經濟危機或銀行有倒閉風險，對存戶而言，會擔心放在銀行的錢不能即時提領，想拿回來自己保管。當民眾一窩蜂地跑到銀行說要領錢，就會發生擠兌現象（bank run），導致銀行持有的資金不夠應付所有提款需求。這時如果銀行要有更多資金，必須向先前貸款的人要求還款，實際上幾乎不可能。因為市場上只要銀行缺錢的消息傳開，存戶就會爭先恐後前往銀行提款，使銀行陷入「存款準備不足」的窘境，最後關門大吉，造成民眾領不到存款的惡性循環，讓經濟秩序陷入混亂。銀行為了避免這種狀況，必須維持健全的財務狀況，並且告知存戶。對銀行而言，「信用」絕對是再怎麼強調也不為過的。

# 07 中央銀行與利率的分歧

　　中央銀行（central bank）出現之後，利率開始出現分歧。先前利率由市場上金錢的供給方與需求方決定，某一天，中央銀行公布制訂好的「基準利率」（base rate），讓利率體系變複雜，而且從此以後，所有市場上的利率變動都依照基準利率的方向調整，甚至有「不要跟中央銀行唱反調」的說法，顯示中央銀行對市場的影響力極大。中央銀行到底是如何左右利率變化？

　　從前，王室或政府掌權者對外宣稱，自己的行為是為了公共目的。不過這種說法，經常只是王室或官僚為了獲取自身利益的藉口。不論他們的真實想法為何，推行任何政策都需要經費，政府或王室的經費來源都是百姓繳納的稅金。但是主政者向百姓徵稅，通常都會遭遇反抗。歷史上有許多王朝、國家，都曾經因為無理徵稅引發百姓抗爭。王室、政府需要錢，卻無法用課稅的方式取得，變成只能向信得過的銀行借錢。以政府作為主要交易對象的銀行就是中央銀行，中央銀行因此誕生。

　　金融體系會存在不穩定因素，中央銀行的出現就是原因之一。對各家銀行而言，由於不知道存戶何時會蜂擁前來提款，經常提心吊膽。銀行把存戶的存款當作資本，經營貸款業務來賺錢，放款愈多，愈有機

會獲利。但是存戶如果要求一次提領全部存款，銀行就可能因為持有的現金不足無法兌現。於是，銀行希望持有的現金不足以供民眾提領時，能有一個機構可以週轉。各家銀行決定與規模最大、最值得信賴的中央銀行簽約，將資金交給中央銀行保管，必要的時候可以借用，讓中央銀行當起「銀行的銀行」（bank for bankers）。中央銀行雖然可以借錢給銀行，自己卻不能向其他地方借錢，如同金融體系裡最後一位提供貸款的人，因此也被稱為「最後貸款人」（the lender of last resort）。中央銀行會扮演最後貸款人與銀行中的銀行，是出於與政府交易的必要性及維護銀行體系安定。歷史上最早出現的中央銀行是1668年成立的瑞典中央銀行（Riksbank）及1691年英國的英格蘭銀行（Bank of England）。瑞典中央銀行是荷蘭商人約翰·帕姆斯特魯赫（Johan Palmstruch）所創，英格蘭銀行則是英國威廉三世（William Ⅲ）為了籌措英法戰爭的經費，要求英國資本家所設立，兩家銀行都由民間主導成立。中央銀行除了與王室交易，也取得發行通用紙幣（銀行券，bank note）作為通貨的特權。後來只要銀行面臨大規模破產危機，中央銀行就會動員資本力與貨幣發行權，設法使金融體系安定，因此中央銀行也被稱為「政府的銀行」與「銀行的銀行」。不同於王室成立的中央銀行，美國的中央銀行是聯邦準備銀行（Federal Reserve Bank）。1907年美國的銀行信用破產，發生存戶大量提款的擠兌危機，金融體系瀕臨崩潰，這時JP摩根（J.P. Morgan）等美國大型金融機構緊急挹注資金，成立聯邦準備銀行。1913年美國政府以這些銀行為基礎，建立聯邦準備制度（Fed，Federal Reserve System），聯邦準備銀行開始扮演美國中央銀行的角色。

## 〔 政府、中央銀行、銀行的關係 〕

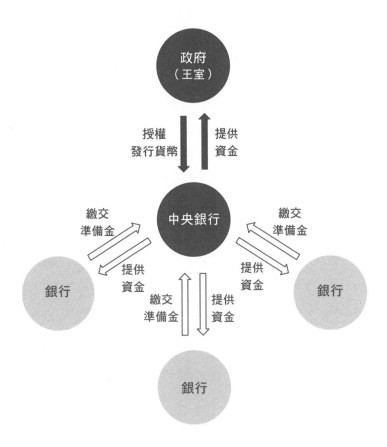

中央銀行成立初期，與其他銀行一起擁有貨幣發行權，後來因為各家銀行利用取得的存款濫發「銀行券」造成問題，必須有統一的管理辦

法。率先成立中央銀行的瑞典、英國賦予中央銀行單獨發行銀行券的權力，以確保貨幣經濟穩定。後來中央銀行發行的銀行券成為國家唯一允許流通的貨幣。為了防止混亂再次發生，就嚴格禁止中央銀行以外的其他銀行私自發行貨幣。

　　為了避免貨幣價值被破壞，各國政府表面上都賦予中央銀行超然的地位。換句話說，中央銀行應該優先維護貨幣價值與金融體系穩定，其次才是協助政府推行政策。但是全世界不管哪個政府，實際上都不會完全保證中央銀行的獨立性，只要政府一有無論如何都要推動的政策，就算是要求中央銀行幫助，也一定要拿到錢。因此，政府與中央銀行維持著不能太靠近、也不能太疏遠的「若即若離」關係。中央銀行優先採取政治性判斷，其次才思考穩定貨幣價值的情況也是時有所聞。

　　經濟規模較小時，中央銀行容易管控貨幣數量；當經濟規模變大，民間持有的貨幣數量增加，情況就不一樣了。因為就算中央銀行沒有增加發行貨幣，只要家戶和企業拿出藏在衣櫥、保險箱的貨幣來用，還是會造成市場上的貨幣供給量增加。相反地，如果中央銀行增加發行貨幣，想要使市場上流通的貨幣數量增加，但是民眾把錢收進衣櫥而不用，市場上的貨幣數量就不會增加。也就是說，隨著經濟的規模擴大，市場上流通的貨幣數量會受中央銀行發行貨幣與民間的使用影響。用來衡量民眾讓貨幣流通的指標稱為「貨幣流通速度」（velocity of money）。經濟情況變複雜後，中央銀行不再直接調節貨幣數量，改用控制利率 —— 持有貨幣的成本，作為推行貨幣政策的方式。目前多數國家的中央銀行，貨幣政策採取釘住利率而非釘住貨幣。雖然政策基準改變，但

是調整利率與調節貨幣數量，兩者之間有密切關係。

　　下圖是2019年以後美國的貨幣供給量（M2）增加率與基準利率的變化。M2是廣義的貨幣供給量指標，包括市場上流通的現金、活期存款、活期儲蓄存款、未滿2年的定期存款、債券、金錢信託、信用狀與貨幣基金（MMF，money market fund）等。新冠肺炎疫情爆發後，美國的基準利率一度降到0％，貨幣供給量增加率高達23％。調降利率表示中央銀行開始買入市場上的債券，讓錢流入市場，使貨幣供給量增加。2022年以後，美國調升基準利率，2023年1月貨幣供給量增加率則降到-1.76％。

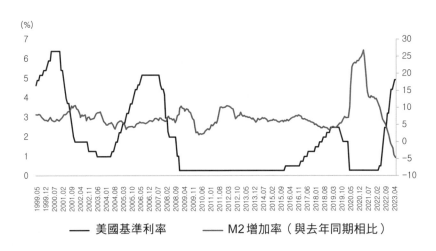

〔 **美國歷年基準利率與貨幣供給量增加率** 〕

—— 美國基準利率　　　—— M2增加率（與去年同期相比）

資料來源：韓國銀行

# 08 中央銀行基準利率的政治經濟學

　　以韓國而言，基準利率是由扮演中央銀行角色的韓國銀行決定；民眾對韓國銀行的印象一直在變。1990年代之前，韓國銀行金融貨幣委員會（Monetary Policy Board）主席由財政經濟部（Ministry of Finance and Economy）部長兼任。由於金融貨幣委員會是韓國銀行的決策部門，當時韓國銀行充其量只是政府底下的一個機關，聽命於政府執行利率政策。2018年韓國電影《分秒幣爭》（국가부도의 날）曾將韓國銀行的行員描寫成「正義鬥士」，在1997年亞洲金融風暴時不屈服於美國的不當要求，勇敢與韓國政府對抗。隨著時代改變，韓國銀行給民眾的印象從「政府的丫鬟」搖身一變成為「正義鬥士」。在制度上，經歷亞洲金融風暴後，韓國銀行的相關法律陸續修訂，金融貨幣委員會主席改由韓國銀行總裁兼任，避免由政府人士直接參與，以確保中央銀行的貨幣政策獨立性。

　　韓國銀行實務上是否真的從政府獨立出來？2014年經濟副總理（the Deputy Prime Minister）崔炅煥（Choi Kyoung-hwan）曾經將韓國銀行與企劃財政部（Ministry of Strategy and Finance）比喻為「手推車的兩個輪

子」。意指中央銀行與財政部是讓同一台手推車前進的兩個輪子，缺少其中一輪，都會讓手推車傾斜而無法順利行進，兩個輪子的高度也要一樣才會好推。但是回顧韓國近代史，實際推動手推車的都是政府，而非韓國銀行。因此，就這段經濟副總理的發言來看，強調韓國銀行只是讓手推車行進的其中一個輪子，代表韓國銀行並沒有真正從政府獨立出來。特別是在政治敏感時期，政府部會必須表達政治立場時，韓國銀行也會感受到壓力。韓國銀行如何看待政府及政治壓迫，與本身地位及日後國家經濟的發展方向有密切關係。

　　另一項影響韓國銀行決定利率的變數是美國。美國對世界經濟具有龐大影響力，韓國的利率受美國利率政策影響也無可厚非。每當美國宣布升息或降息，韓國的利率大約在一兩個月後也會跟著調整。2022年8月韓國銀行總裁李昌鏞（Rhee Chang-yong）接受媒體訪問時回答：「韓國銀行的貨幣政策雖然從政府獨立，但是還沒從美國聯準會（Fed）的貨幣政策完全獨立。」李昌鏞也提到韓國是小型開放經濟體，很難比美國早結束升息。或許決定韓國貨幣政策最簡單的方式，就是跟著美國基準利率的方向走。從以往的資料來看，除了少數幾次例外，韓國與美國的貨幣政策幾乎都是連動的，也可以得到印證。

　　多數時候，韓國銀行與政府經濟官員的見解相近。因為韓國銀行及政府的經濟部門都是由經濟專家組成，意見不會有太大分歧，但是出問題的時候，就會有政治力介入。政治人物看待經濟的觀點與韓國銀行人員、經濟部門官員不同，特別是選舉期間如果有重大政治事件，意見差距會更明顯。政府的核心是以政界任命的官僚為主，代表著政界的立

場，但是韓國銀行與政局變化要保持著一定距離，因此會發生韓國銀行與政治界意見不一致。萬一政府與韓國銀行的立場分歧，韓國銀行要實施貨幣政策就會非常困難。

偶爾也會有韓國銀行總裁與金融貨幣委員鐵了心，決定忽視政府與政界立場的情形，當然也會發生韓國銀行的政策對政界比較有利的狀況。舉例來說：2023年2月韓國銀行金融貨幣委員會要宣布重要決策之前，突然成為鎂光燈焦點。因為大家好奇，韓國銀行究竟能不能從美國聯準會與韓國政府「獨立」。當時美國已經接連升息，如果韓國銀行考慮美國的影響力，應該也會宣布升息；如果考慮韓國政府與政界希望安撫受經濟不景氣與高利率所苦的百姓，則應該要凍結利率。最後韓國銀行將基準利率凍結在年利率3.5％，優先反映韓國政府的立場。

當時美國為了降低通貨膨脹連續升息，韓國與美國的經濟指標也都顯示應該升息。美國的消費者物價上漲率2022年6月（9.1％）達到高點後開始下滑，但是仍高於美國聯準會的目標值2％。韓國的物價也在2022年7月（6.3％）達到高點後下滑，2022年底降到年平均5％，2023年1月又上升到年平均5.2％。除了經濟指標支持升息，外在大環境的條件也是。2023年2月初，1美元匯率一度降到1,227韓元，之後美元再次走強，匯率上升到1美元兌1,300韓元。如果韓國與美國的基準利率差距太大，韓國國內的資本外流風險就會增加。基於韓國銀行的政策目標是維持物價穩定，依照政策目標與各項經濟指標，韓國銀行應該要升息才對。

不過韓國的國內局勢比較複雜，2022年第2季以後，經濟季成長

率（QoQ）開始下滑，加重經濟不景氣的陰霾，削弱韓國銀行升息的正當性，政府與政界持續施壓。韓國政府的「景氣衰退」宣言、政界要求「調降利率」，都像在對韓國銀行間接施壓，要求金融貨幣委員會不要宣布升息。

2022年以來韓國銀行連續七次調升基準利率，這段期間美國維持緊縮政策的方向明確，讓韓國政府無法再干預韓國銀行的利率政策。而且韓國銀行決定宣布升息，某種程度也是無可奈何的事。2023年2月金融貨幣委員會再次遇到難題。雖然美國持續放出緊縮貨幣的訊號，韓國政府卻仍期望央行能凍結利率，韓國銀行又面臨必須選邊站的難題。最終結果是韓國銀行宣布凍結利率。外界推測相對於配合、輔助美國的貨幣政策，韓國銀行可能認為應該順應本國政府的政策方向。由此可見，如果有政治力介入，貨幣政策就會發生混亂的情況。

一般來說，調降基準利率通常比較受大家歡迎。因為民眾的貸款利息因降息而減少，政治界也樂見降息帶動景氣復甦，容易使支持度上升。升息通常遭到強烈反對。美國（情況雖然比韓國好）的利率政策也不是完全沒有遭遇政治壓力。2019年美國總統川普（Donald Trump）曾經多次在公開場合提到聯準會應該降息，但是聯準會不予理會，依然不斷升息。川普曾不滿地表示：「誰是我們更大的敵人，是鮑爾（聯準會主席）還是習近平？」對聯準會強烈施壓。2019年7月聯準會終於在川普的壓力下，宣布調降基準利率。類似這種「無法從政治獨立」的處境，是世界各國中央銀行共同面對的問題。當政治強力介入就降息，當韓國銀行的獨立性增強就升息，這正是韓國利率變動的特徵。

## 〔 韓國歷年公債利率與物價上漲率 〕

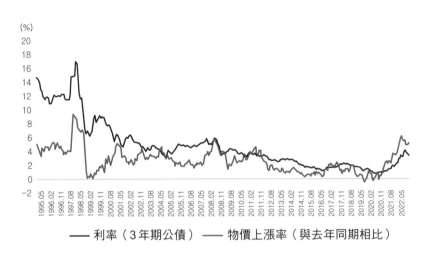

(%)

—— 利率（3年期公債）　—— 物價上漲率（與去年同期相比）

資料來源：韓國銀行

　　上圖顯示出類似情況。市場利率與物價呈現的波動通常類似。當物價上漲，調升基準利率，作為市場利率指標的3年期公債利率也會上升。但有些時候雖然物價上漲，利率卻不升反降，例如：1999年至2001年、2002年至2003年、2008年至2009年。這是因為有其他原因迫使物價上漲時必須降息，包括經濟因素與政治因素。因此在預估利率變化時，除了考慮經濟因素，同時也必須將政治因素一起納入考量。

# 09 利率民粹主義的誘惑

　　曾經有位韓國政府高官在公開場合說：「所得愈高的人應該繳愈多貸款利息！」此話一出引發熱議。實務上，民眾如果到銀行申請貸款，必須繳交所得及相關證明，銀行經過資料審查後，才會核定貸款利率。通常所得高的人採用低利率，所得低的人則貸款利率比較高。一直以來大家將這種情況視為理所當然，高官卻出人意料地說出相反意見。因為高官認為，高所得的人比較有能力承擔高利率，應該多付一點利息。他的論點有什麼問題？

　　高所得階層應該付多一點利息，這在邏輯上是把利息當作稅金。稅金的計算一般採用累進稅率制，所得愈高、稅率愈高，繳的稅金愈多。社會大眾對這種課稅方式已經有所共識，不會批評是政府的「民粹主義」政策。如果把相同邏輯套用在借貸利率上，看起來似乎也滿像一回事，不過稅金與利息的本質完全不同，兩件事必須分開來談。稅金是由所得產生，沒有交易市場，政府在推動國家政策的過程，有單方面徵收稅金的權力。利率就沒有這麼簡單，必須依照決定利率的機制仔細探討。

　　首先，利率是把未來的金錢提前拿到現在使用的代價。如同前面曾說明的，從需求面來看，把未來的錢拿到現在用是為了投資或消費。消

費則是現在有錢的必要性高過將來，不論是買房或支付醫藥費，當資金需求高於目前所得時，人們就會貸款。高所得者基於消費目的去借錢的需求較低，如果對高所得者採用高利率，會使高所得者減少借錢消費。這時候，就算金融機構有意對高所得者採取高利率，來借錢的高所得者變少，實施對象就會跟著減少。相形之下，低所得者有比較高的機會將未來的消費提前到現在，降低低所得者的貸款利率，會讓低所得者的現在消費增加。雖然利率降低，如果借款金額提高，總利息負擔可能還是很沉重，造成的結果是降低利率使低所得者貸款增加，利息負擔反而更高的局面。

投資就好比把現在立刻能吃的玉米拿去種，等將來長出更多玉米的時候再吃，是一種現在先投入資金的行為。如果當事人選擇以負債來進行投資，表示這筆貸款的利息與未來才會發生的獲利有關。舉例來說：如果預估現在投資 10 億元，未來能賺到 11 億元，這個人就有可能願意支付最高到 10％ 的利息去申請貸款。

基本上，投資的獲利率與投資人的現在所得無關。假如低所得者申請貸款就採用較低利率，就算未來的投資獲利率偏低，低所得者還是會勇於投資。舉例來說：假設銀行將低所得者的貸款利率降到低於 5％、將高所得者的貸款利率提高到 15％。這會使低所得者即便知道獲利率只有 5％，還是會向銀行借錢去投資，但高所得者會等獲利率高於 15％才向銀行借款投資。假如貸款利率與所得無關，人們會往平均獲利率約 10％ 的標的投資。但是當高所得者與低所得者的貸款利率不同，如同鼓勵低所得者往獲利率 5％ 的標的投資，高所得者往獲利率高於 15％ 的標

的投資，這就會促使資金朝獲利率低的標的聚集，造成社會上發生不效率（inefficiency）的情形。正常情況應該是民眾朝未來獲利率高的標的依序投資才有利，如果強行把所得當作變數，金融體系將被扭曲，無法產生有效率的投資。

目前為止我們從資金需求面進行討論，接下來就資金供給面進行分析，會出現更嚴重的問題。就金融機構的立場而言，把錢借出去，最重

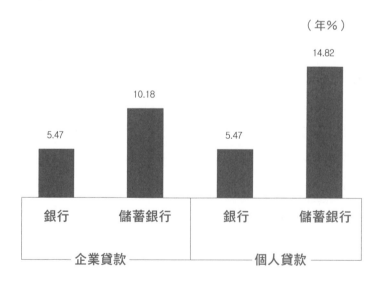

〔 韓國的銀行、儲蓄銀行貸款利率比較 〕

（2023年1月）

（年%）

資料來源：韓國銀行

要的是貸款人能否還錢。一般來說，高所得者欠債不還的風險比較低，就算對他們收取低一點利息，金融機構還是願意借款。相反地，低所得者未來無法償還的可能性高，金融機構在考慮這項風險之下，就會採用高利率。這時如果政府強制實施對高所得者採用高利率、對低所得者採用低利率，金融機構勢必會排斥把錢借給低所得者，導致低所得者無法順利貸款。

　　韓國的金融機構是層級結構。銀行等第一類金融機構③ 與優良客戶進行交易，貸款利率也比其他金融行庫低。不過個人貸款的需求往往高於銀行的放款能力，因此個人如果在銀行申請貸款被拒，就必須轉往儲蓄銀行（Saving Bank）等第二類金融機構④ 辦理。儲蓄銀行以相對高於銀行的利息對個人與企業提供貸款。如果連儲蓄銀行也拒絕貸款申請，就得往體制內的第三類金融機構借錢，即民間借貸公司。某些體制外的地下錢莊為了賺取暴利，鋌而走險非法營業，採用完全不符合政令的利率。對於除了地下錢莊之外，已經走投無路的低所得者而言，有資金需求還是只能被收取極高的利息借錢應急。

　　金融機構樂於借款給高所得者。假設銀行不得不順應政府要求，對高所得者採取高利率，這會讓銀行之間的競爭重點不在利率，轉而變成其他部分，例如：贈送昂貴的紀念品、提供其他免費服務……等，透過別的優惠留住高所得客戶。結果高所得者的貸款利息雖然很高，但是從

---

③ 譯註：第一類金融機構除了韓國銀行之外，還有以收受存款、貸款等作為主要業務的金融機構。

④ 譯註：第二類金融機構還包括保險公司、信託公司、證券公司、綜合金融公司、信用卡公司等。

其他方面得到的好處，可能讓實質負擔比先前少。結果，政府原本想幫助低所得者的美意，不但無法收到預期的效果，反而使低所得者的負擔更大、高所得者的負擔減輕，拉大社會上的貧富差距，使兩極化更嚴重。

即便如此，主政者面對經濟情況轉壞時，依然習慣性地想動用金融政策。2021年7月韓國政府將約定利率上限降為年利率20％。約定利率上限是銀行、保險、證券、儲蓄銀行等所有體制內金融機構可以收取的最高貸款利率。這些金融機構如果要求貸款人支付年利率超過20％，會依法受到懲處。韓國政府這項措施是為了避免金融機構對民眾索取過高的貸款利息，造成民眾負擔過重。

降低約定利率上限是為了減少民眾的利息負擔。2021年韓國銀行的基準利率是0.5％，後來市場利率大幅上升，約定利率上限卻維持不變，於是衍生出新的問題。2023年2月韓國銀行的基準利率已上升到年利率3.5％，幾乎是2021年的七倍。體制內的金融機構因為韓國銀行調升基準利率，跟著大幅提高貸款利率。但是因為約定利率上限依然是20％，導致被體制內金融機構拒絕貸款、轉往體制外金融市場借貸的金融弱勢族群增加。因為就算體制內的金融機構調升實質利率，也無法向民眾收取超過約定利率上限的額度，於是減少對民眾放款。2022年韓國庶民金融振興院（Korea Inclusive Finance Agency）的資料顯示，在體制外金融市場貸款的民眾之中，有16.2％的人支付利息超過年利率240％。也就是說，實質利率上升，約定利率上限維持不變，迫使民眾轉往地下錢莊，最後民眾承受的貸款利息負擔更大。然而已經調降的利率要再上升並不容易。降低約定利率上限時民眾雖然拍手叫好，要再把上限提高，一定會

## 〔 韓國約定利率上限的歷史變化 〕

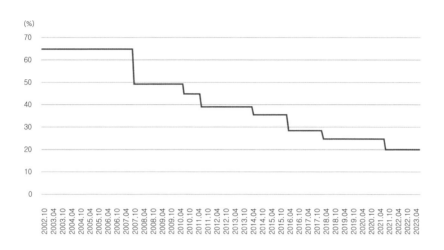

資料來源：國家法律資訊中心（Korean Law Information Center）

遭遇強烈反彈，以致於韓國政界無法輕易做出決定，這個結果繼續影響著民眾。這就是利率民粹主義危險的原因。

　　有時候政府也會直接要求金融機構降息。2023年1月韓國總統尹錫悅表示：「銀行是比國防重要的公共財。」強調銀行的公共特性。之後金融監督院（Financial Supervisory Service）將韓國金融機構的營業方式形容為「掠奪」，批評銀行利用獨占市場的優勢，使民眾負擔增加。這是因為2022年以來，韓國的實質利率大幅上升，民眾的痛苦與日俱增，因此韓國政府出面強調銀行的公共特性，呼籲銀行降低貸款利率，扮演好

公共機構的角色。政府可以強調銀行的公共性質，銀行肩負起這個角色也值得期待，不過還是應該冷靜思考為何會有銀行。

　　基本上，銀行是一個追求利潤的集團，利用別人的錢來創造獲利，對市場變化相當敏銳，也是非常自我保護的組織。假設政府持續施壓，韓國銀行調升基準利率，銀行也有可能自己降低貸款利率，發生政策利率與貸款利率反向變動的情形。銀行選擇暫時承受損失，表現出接受政府要求的態度。這種因為政府施壓而下降的利率，未來可能又會上升。況且銀行還有很多方法可以彌補降低貸款利率產生的損失，例如：提高手續費、縮減貸款業務對民眾施壓……等。特別是在政權輪替之際，如果先前減少的利息在未來又增加，只會造成市場扭曲，並不會真正減輕民眾負擔。

　　雖然每個市場經濟系統都差不多，但是特別在金融市場，政府的民粹主義幾乎不會成功。因為金融市場相當敏感而且結構複雜，不是如政府所想的那麼容易控制。與其控制金融市場，倒不如專注於監督市場上的不正當行為。但是不論保守黨或進步黨、左派或右派，當政界面對經濟不景氣，還是傾向介入市場解決問題。因為民粹主義的誘惑可以嚐到甜頭，就算已經知道將來會有不良影響，政府還是反覆介入。尤其是在政治敏感時機或選舉期間，政府特別會操縱利率與市場反向變動。幸好這種現象並不持久，否則只要情況有所改變，政策會招致更大的反效果。

# 第 3 章

# 利率與經濟

# 10 債券價格與利率

　　債券是約定好借錢的人應該在何時、支付多少利息、償還本金的證明文件。人跟人借錢的時候會寫借據，如果某個人或某個機構要跟很多人借錢，每次都要一一寫借據，這樣會很沒效率，因此借錢的人或機構就改成發行債券，上面記載應該支付多少利息、何時還款等資訊，接受條件的人對其提供資金並取得債券，在約定期間內能收利息，期滿時拿回本金與利息。債券的起源是以前政府與王室推動大型國家計畫之際，用債券向民眾募集資金。後來金融機構、地方政府、民間企業也都會利用發行債券籌資，這種行為類似個人之間的金錢借貸，出錢的人可以獲得利息。

　　所有債券都會標示發行面額、到期日、票面利率等資訊，這些條件在發行債券當下已經全部確定，不會因為市場景氣變動而有所不同。債券的種類依照利息支付方式可分為：貼現債券（discount bond）、附息票債券（coupon bond）、複利債券（compound bond）等。貼現債券是發行時依照某折扣率，以低於票面金額的價格銷售，到期時按照票面金額支付本金。例如：有一張發行金額為1億元，1年期，票面利率10％的貼現債券，代表購買這張債券的金額只要9,000萬韓元，1年後可拿回1億韓

元。韓國最有代表性的貼現債券是由韓國銀行發行的貨幣安定證券。附息票債券則是固定週期收到利息，期滿時得到最後一筆利息與本金。例如：有一張發行面額為1億韓元，票面利率10％，5年期，每年支付利息的政府公債，代表用1億韓元購買這張債券，每過1年就能得到1,000萬韓元的利息，第五年期滿時獲得1億1,000萬韓元。複利債券是利息依照支付週期自動加入成為本金，期滿時獲得本利和。例如：有一張發行面額為1億韓元，5年期，利率為10％的複利債券，用1億韓元購買這張債券，5年後可拿到以複利計算的本利和1億6,105萬韓元。韓國最具代表性的複利債券是國民住宅債券。

雖然債券的利息計算比較複雜，目前為止還是與個人貸款類似，最大差異在於買下初次發行的債券之後，還可以再拿到市場上交易。市場變化會影響債券的殖利率（dividend yield）。票面利率雖然在債券發行當下已經固定，市場利率波動卻會改變債券殖利率，使債券價格經常變動。因此民眾在期滿前中途賣掉債券，可能因此獲利，也可能遭受損失。

接下來說明債券價格的變化過程。假設韓國政府為了興建高速公路，決定發行票面利率10％、每1年支付利息、5年期的公債（附息票債券）。A用1億韓元購買債券，如果繼續持有這張債券，每年都可獲得利息1,000萬韓元，期滿之日拿到1億1,000萬韓元。如果A買完債券的2年後，市場利率下跌為5％，結果會如何？當A繼續持有債券，後面的3年依然可以每年都得到1,000萬韓元利息。因為債券的票面利率在發行時就已經固定，只要A持有債券，不管市場利率如何變化，都能在期滿之前依照票面利率收取利息。

　　當市場利率跌到5％，這個時候，新發行的國庫券票面利率也只有5％。如果B現在用1億韓元購買政府新發行的債券，每年能收到的利息就剩下500萬韓元。如果B不買新發行的債券，而是買A手上還剩3年才到期的債券，情況又是如何？因為A持有的債券票面利率是10％，B在剩下的3年內，每年都能獲得1,000萬韓元利息。等於B接手A的債券之後，前2年各可獲得1,000萬韓元利息，第3年得到1億1,000萬韓元本利和。對B來說，買票面利率為5％的新發行債券，3年期間總共只能獲得利息1,500萬韓元；若買下A手上的債券，3年期間總共能獲得利息3,000萬韓元。

　　於是A與B有了交易的空間。當B買入政府新發行的債券，每年可獲得利息500萬韓元，期滿時共可獲得利息1,500萬韓元。以投資的本金為1億韓元來算，獲利率約15％。假如B用1億韓元買下A還剩下3年期滿的債券，接下來的3年共可獲得利息3,000萬韓元，獲利率就有30％。對B而言，就算用稍微高於1億韓元的價錢購買A的債券，實際獲得的金額還是比買新的公債高。用反推的方式計算，已知3年期間每年獲得1,000萬韓元利息，期滿領回本金1億韓元，該用多少錢去買，獲利率會是15％？可以算出大約是1億1,304萬韓元。也就是說，A最高能用1億1,304萬韓元將手中5年期、利率10％的1億韓元債券轉賣給B。如果B同意進行這項交易，支付1億1,304萬韓元買下利息10％、金額為1億韓元的債券，期滿時可獲得利息3,000萬韓元與本金1億韓元，總計是1億3,000萬韓元的本利和。雖然獲利率只有15％，還是賺到利息1,696萬韓元（3,000萬韓元－1,304萬韓元），比買票面利率5％的新發行債券

更有利可圖。至於A，當初以1億韓元進行投資，在2年期滿時獲得利息2,000萬韓元，之後把債券轉手給B獲得價差1,304萬韓元，合計賺到3,304萬韓元，等於投資2年的獲利率有33％。

接下來，假設2年後的利率上升到15％。A在剩下的3年還是每年獲得1,000萬利息，期滿時拿回本金1億韓元。B買入新發行的債券，每年獲得利息1,500萬韓元，期滿時拿回本金1億韓元。以3年期計算，A的本利和是1億3,000萬韓元，獲利率是30％；B的本利和是1億4,500萬韓元，獲利率是45％。如果B欲購買A持有的債券，並且希望獲利率有45％，回推A的債券價格，大約只有8,966萬韓元。也就是說，當利率上升5％，會使1億韓元的債券價格貶值。這時如果B要買A的債券，只會願意用8,966萬韓元購買。如果A用8,966萬韓元賣出債券，重新購買利率15％的3年期滿債券，獲利率就能與前一個例子相近。對A來說，前2年雖然得到利息2,000萬韓元，但債券價格縮水1,034萬韓元，使這2年的獲利率剩下9.7％。

如同這幾個例子說明，債券價格與利率呈現反向變化。利率上升會使債券價格下跌，利率下降則會使債券價格上漲，這是因為債券的票面利率不受市場利率影響所致。站在投資人的立場，購買債券期滿時一定可獲得約定好的利息，中間如果市場利率出現改變，可將債券出售賺取價差，兩種方法都能增加獲利。

2021年1月韓國政府曾發行5年期、票面利率為年利率1.25％的公債1兆韓元，在市場上由金融機構以類似競標的方式購買，參加者提出願意購買的價格後，由開價最高者（較低利率）取得。當時平均得標利

率為年利率1.35％，比票面利率（1.25％）高，顯示成交價低於發行價格。因為外界預估市場利率將會上升（債券價格下跌），以致於政府提出的售價不被市場接受。經過一段時間後，情況又是如何？2023年3月17日5年期的公債市場利率為年利率3.373％，比2年前（1.35％）又高

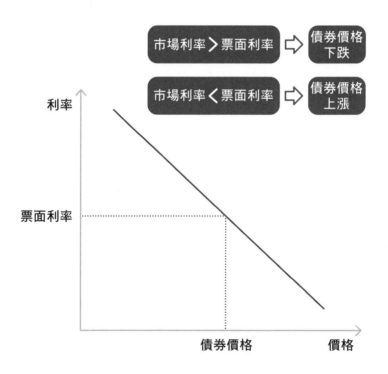

〔 票面利率、市場利率與債券價格的關係 〕

出約2個百分點，表示債券價格更低了。等於2021年1月以利率1.35％買下債券的金融機構，2023年3月因為債券價格大幅縮水而虧損。如果這些金融機構買入債券後有推出基金商品，買基金的散戶也會跟著虧損。債券保障的固定利率，永遠只對一直持有到期滿日的人才有效。債券價格時時刻刻都在變動，如果一定要在中間出售債券，結果有可能賺，也有可能虧。

# 11 長短期利率倒掛

　　以韓國而言，期滿時間最短的債券利率，一般是金融機構之間每天用在金錢來往的拆款利率（interbank call loan rate），借款期限只有1天，隔天就連利息一起支付本利和。第二短的則是中央銀行——韓國銀行在市場上放出資金、回收時用的7天期附買回協議（RP，repurchase agreements）。附買回協議的交易雙方同意在未來約定日期用一定利息重新買回債券，是一種以重新買回作為目的的債券買賣。例如：中央銀行將其持有的公債賣給金融機構，前提是7天後再買回，這時採用的利率就是7天利率。3個月期的債券則有可轉讓定期存單（CD，certificate of deposit）與商業本票（CP，commercial paper）等。可轉讓定存單是銀行有權利將定期存款轉讓給其他人，商業本票是企業以籌措資金為目的發行的短期債券。企業發行的公司債主要是3年期，政府發行的公債則有1年期、3年期、5年期、10年期等，種類很多。

　　以韓國為例，韓國銀行利用發行7天期附買回協議，調控資金市場的利率。金融貨幣委員會綜合各種經濟指標後，決定7天期附買回協議利率。2023年3月利率是年利率3.5％。決定利率之後，韓國銀行的7天期附買回協議利率維持在年利率3.5％。韓國銀行將附買回協議賣給市

## 〔 發生長短期利率倒掛的過程 〕

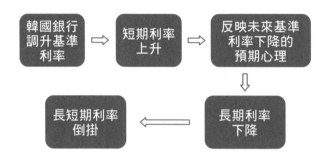

場時，採用固定利率3.5％，從市場上買回附買回協議時，3.5％是最低買入利率（minimum bid rate）。韓國銀行如果依照最低買入利率買進市場中的債券，債券回到韓國銀行，市場上的資金就增加了；如果賣出債券，就會吸收市場資金，增加債券在市場流通。假如韓國銀行決定將利率提高1碼（0.25個百分點），使利率上升到3.75％，韓國銀行就能用比先前便宜的價錢賣出附買回協議。當附買回協議價格下跌（利率上升），想賣債券給韓國銀行的人會減少，想買債券的人會增加。當想買債券的人比想賣的多，市場資金就會流回韓國銀行，產生債券流通數量增加的效果。如果韓國銀行將利率降低1碼成為3.25％，韓國銀行就必須用比之前高的價格賣出、買入債券。這時候想賣債券的人會比想買的人多。只要想賣債券的人變多，市場上的債券就會回到韓國銀行，使市

場上的資金增加。

如同前面說明，韓國銀行透過貨幣政策的操作來設定附買回協議之利率水準，在這個利率水準動用發行債券的權力，透過賣出與買入債券，調節市場上的貨幣供給量。如此一來，當利率上升，市場上的貨幣供給量減少；當利率下跌，市場上的貨幣供給量增加。2019年7月韓國銀行開始降息，基準利率從年利率1.75％降為1.5％，2021年7月基準利率下調至年利率0.5％。這時以M2計算的貨幣供給量增加率從大約6％（與去年同期相比）增加到約12％。M2貨幣供給量包括市場上流通的現金、活期存款、定期存款等。2021年8月基準利率開始上升，2023年3月上升到年利率3.5％。隨著利率持續上升，2022年12月貨幣供給量增加率降為3.5％。

如果7天期短期利率也以政策操作的方式來設定，其他利率的設定也會因此受其影響。通常到期日愈長，利率愈高。1年期利率會比3個月期高，3年期利率又會比1年期高。因為利率是時間偏好的代價，到期日愈長，未來存在的不確定性愈多。但是有時候會因為市場情況不同而出現異常。比方說，2023年2月24日韓國1年期公債利率是年利率3.6％，2年期是3.65％，2年期債券利率比1年期高出0.05個百分點。但是3年期公債利率是3.55％，竟然比1年期低0.05個百分點，也比2年期低0.1個百分點；5年期利率是3.57％，10年期利率是3.53％。等於到期日超過2年的公債，日期愈長利率愈低。長期利率低於短期利率雖然不是正常現象，只要是反映市場對於中央銀行貨幣政策的預期心理，這種情況就有可能發生。

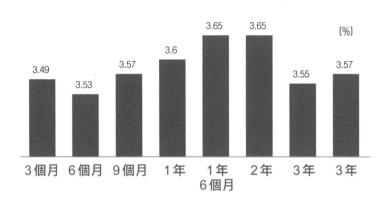

〔 各種天期的韓國公債利率一覽 〕

資料來源：韓國信用評價（2023年2月24日）

## 韓國債券利率低於美國的原因

　　如同前面章節提過，名目利率是反映時間偏好的實質利率加上預期物價上漲率，這裡必須連政策造成的基準利率下降效果一起考慮。2年期公債利率比1年期高，是因為兩者的預期物價上漲率接近，在不考慮政策效果之下，時間偏好讓實質利率較高。但是到期日超過3年時，民眾預期這中間基準利率可能有所變化。換句話說，隱含時間偏好的實質利率雖然應該是日期愈長利率愈高，如果民眾預期將來韓國銀行會調降基準利率，長期利率就會下降。如果中央銀行調降利率的效果與時間偏

好帶來的利率上升互相抵消，就算債券到期日長達3年，利率還是有可能比較低。同理，5年期或10年期債券的利率反而低的情形，也可以用這個邏輯說明。這裡提到的債券利率，就是指債券在市場流通的獲利率（殖利率）。雖然債券發行時的票面利率已經固定，不過市場上的獲利率反映著民眾預期心理，時時刻刻都在變化。

美國的情況也類似。在相近的時間點，2年期以上的債券利率，出現日期愈久、利率愈低的情形。因為美國的物價上漲率下跌，市場預期聯準會在2024年初有可能降息，造成到期日愈長的債券利率愈低。民眾會預估在這段期間可能發生基準利率下降，是因為經濟愈來愈不景氣，中央銀行應該會利用降息來刺激經濟。因此長短期利率差距增加，也被看成是預告經濟不景氣的指標。

另一項影響債券利率的因素是發行企業或國家的信用產生變化。基本上，債券是發行主體承諾一定期間後會還錢的證明文件，萬一時間到還不出本金或利息，債券價值就會大幅降低。因此發行債券的時候，國家與企業都必須接受特定機關的信用評等（credit rating）。信用評等高的國家，債券利率會低於信用評等低的國家。同理，信用評等高的企業，債券利率會低於信用評等低的企業。

依照國際信用評估機構穆迪公司（Moody's Corporation）的資料，美國的信用評等比韓國高，因此美國的債券利率通常比韓國低。不過2023年2月28日美國的10年期公債利率是年利率3.934％，韓國卻是年利率3.751％，美國的利率比韓國高出0.183個百分點。如果依照國家的信用評等，美國的公債利率應該低於韓國才對，實際上卻非如此，這是受兩

美國政府發行的面額1萬美元財政部債券，上面記載到期日與票面利率。

國利率政策的影響所致。由於美國的聯準會用很快的速度調升基準利率，韓國沒跟上速度。不過這種現象並不會持續太久，隨著時間經過，美國的債券需求增加，韓國的債券需求減少，就會使韓國債券的利率略高於美國。

除了信用評等之外，時間偏好、預期物價上漲率、中央銀行的政

策，都會讓市場預期隨時改變。只要預期改變，市場上的利率就會波動。此外，就算借錢的人與把錢借出的人想法有差異，在市場上交易就會受資金的供給與需求影響，這也是造成市場利率改變的原因。因此應該養成習慣，每逢利率出現變化，仔細觀察是何種因素造成。

# 12 景氣循環與利率

　　利率與景氣循環也有密切關係。如果要探討兩者之間的關係，必須從景氣循環影響企業與個人的資金需求來看。當景氣已接近谷底，民眾預期景氣即將復甦，企業期待未來發展並且增加投資。企業想加碼投資，會增加資金需求。但景氣接近谷底時，民眾持有的閒置資金不多，市場上的資金需求大於供給，造成利率上升。相反地，景氣已到達頂峰時，民眾預期市場即將衰退，傾向減少投資，為經濟進入不景氣預先做準備。因此景氣在頂峰時，民眾手頭的閒置資金相對較多，市場上的資金供給大於需求，導致利率下降。若要更精準描述利率與景氣循環的關係，景氣循環是經濟體內的自然現象，景氣起伏影響資金的需求與供給，造成利率變動。換句話說，景氣循環造成利率變動（景氣循環→利率變動），但是利率被景氣影響也存在相反的因果關係（利率變動→景氣循環）。本節先討論景氣循環如何發生，對利率有何影響，之後再探討利率變化對景氣的影響。

　　美國經濟學界最常討論的景氣理論是實質景氣循環理論（The Theory of Real Business Cycles）。實質景氣循環理論說明在貨幣與利率之外，人們的行動與突發狀況會對景氣造成影響。每個人的一生都在計畫

用消費來創造滿足極大化，人們會預測自己的未來所得，也有預測未來變化的能力，還會依照預測來吃飯、消費，詳細制訂能對自己效用極大化的消費計畫。當許多這種個人聚集在一起，就會形成消費經濟（consumption economy）。進行生產規畫的企業也會評估、預測經濟，採取追求利潤極大化的行動，利用投資設廠、添購機台設備、製造產品來銷售獲利。當這樣的個人與企業接觸，就形成了市場經濟（market economy）。

　　但是經濟不會一帆風順，有時會有天災，有時會發生戰爭，有時會出現顛覆時代的新技術。每當發生這種經濟衝擊，市場上的經濟主體就會改變投資與消費計畫。舉例來說：開發出新技術的公司可在短期內大幅提高產量。經濟市場的產品供給如果增加，會帶動民眾增加消費，而且消費者預期新技術可讓產量持續增加，便會改變未來的消費計畫。這時因為生產與消費同時提升，景氣就會漸入佳境。

　　景氣繁榮維持一段時間之後，技術開發的效果會逐漸減少，民眾已充分享受新技術帶來的生產與消費效益。隔年工廠不再需要再像技術剛開發出來的時候那樣提高產量，一度飆升的成長率也逐漸下滑。如果這個過程持續，就會使景氣逐漸衰退，成長率不斷下降。當景氣觸碰到谷底時，人們又會開始增加消費與生產。

　　有時候也會發生像新冠肺炎這樣的傳染病，突然在全世界大爆發。民眾的經濟活動遭遇嚴重打擊，導致消費大幅萎縮，廠商無法銷售產品，庫存不斷增加。當經濟成長率不斷衰退，直到民眾認為成長率已經跌到谷底，消費與投資才會又逐漸增加。新冠肺炎疫情讓全世界一起陷

入經濟不景氣，再讓大家一同見證景氣復甦。如同前面所述，如果對平穩的經濟狀態施加衝擊，經濟主體在適應衝擊的過程會調整生產與消費，就會產生景氣循環。

　　景氣從高峰出發，經過收縮到達谷底，再次經過擴張達到高峰，這樣是一個循環週期。景氣循環的週期主要是短期，不過也有比較長期的循環。英國經濟學家約瑟夫・基欽（Joseph Kitchin）提出約4年為週期的短期波動，法國經濟學家克里門特・朱格拉（Clement Juglar）主張以10年為週期的中期波動。另外還有20年為週期的庫茲涅茨周期（Kuznets cycle）與50年為週期的康德拉季耶夫長波（Kondratieff Wave）也都很有名。短期景氣循環主要與政府政策有關，中期波動多由企業投資與庫存

〔 **韓國歷年利率與景氣循環週期** 〕

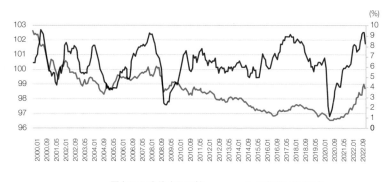

—— 景氣同時指標分數　　—— 3年期公債利率

引起，長期波動因工業革命或更根本性的創新導致。景氣處於短期循環的高峰時，可能同時處在中長期循環的谷底；處在短期循環的谷底時，可能剛好也是中長期循環的高峰。

當景氣從收縮進入擴張時，利率會上升，從高峰開始收縮時，利率會下降。因為景氣循環對利率、股市、房地產等其他市場都會造成極大影響，大家應該時常注意景氣動向。

# 13 政府的財政政策與利率

　　影響市場利率的因素有很多，其中一項是政府政策，最具代表性的就是財政政策。財政政策是政府運用預算，對有需要用錢的地方提供經費支援。2023年韓國政府執行的總預算是638兆7,000億韓元（約合新台幣15兆2,975億元），用來建設基礎設施、投資研發活動、透過社會保障制度援助弱勢階層等。國家預算的資金來源是民眾繳納的稅收，如果稅收不夠用，國家可發行債券籌措資金。重要的是，政府不是要賺錢的機構，而是被賦予權力，能向人民徵稅、發行公債，將取得的資金重新用在人民身上。也就是說，政府適合從事以個人或企業之力無法推行的大規模事業。

　　政府推行的政策如果要對利率產生比較顯著的影響，通常是發行公債取得資金使用。當政府為了籌措資金而發行公債，市場上的公債數量增加，引起公債價格下跌、公債利率上升。許多國家將公債利率當作債券市場的指標利率，因為不管任何國家，公債都是債券之中風險最低的，也因此在相同到期日的債券之中，公債的利率也最低。當公債的利率上升，企業發行的公司債、公部門發行的債券、金融機構發行的金融債券等，各種債券的利率也都會上升。這時候企業必須支付更高利息來

取得資金，個人向金融機構貸款時，也得負擔更高的貸款利率。

　　經濟發展愈差，政府要做的事就會愈多。以新冠肺炎疫情為例，疫情造成經濟危機，韓國與美國政府發行規模龐大的公債，以增加政府支出。除此之外，政府也會因為政治目的而增加支出，特別是在接近選舉或收買民心的時候，政府傾向大舉增加支出。但是增加財政支出會引起市場上的利率上升。因此政府要用錢之前，應該對國民說明理由，證明能比個人或企業更高效運用。民眾則可透過國會監督政府，確保每一分錢都用在刀口上。

　　有時候，政府也會利用通貨膨脹使市場利率上升。當政府無法向人民徵稅或發行公債的程序複雜，就會轉向中央銀行求助，由中央銀行動用貨幣發行權，取得必要資金。中央銀行是唯一能印鈔票的機關，看在政府眼裡，中央銀行的貨幣發行權是非常有魅力的「印鈔機」，需要的時候就拿出來用一下。中央銀行在金融市場雖然是至高無上的存在，與政府的關係有時卻又非常卑微，彷彿老鼠遇到貓。這時政府希望由中央銀行印鈔的欲望就更強大。

　　政府動用貨幣發行權取得資金的方式為：政府發行公債，由中央銀行買入。當政府發行的債券由中央銀行買入，債券市場的需求與供給同時增加，債券利率幾乎不變。但在中央銀行買下政府發行的債券時，支付給政府的錢被政府用在各項施政計畫，這些錢就會被經濟市場吸收，造成市場上的貨幣供給量增加。市場上的貨幣供給量增加，就會引發物價上漲（通貨膨脹）。

　　政府發行公債並使用取得的資金會有什麼影響？如果物價與貨幣供

## 〔 政府融通的方式與效果 〕

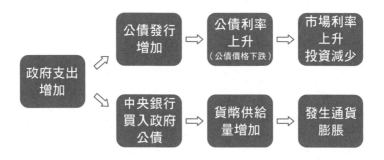

給量的增加速度完全一致，會抵銷政府想要利用增加貨幣供給量所能取得的實質效果。但是大多數情況，增加的貨幣會立即進入經濟市場，物價卻得經過一段時間才會上漲。舉例來說：新冠肺炎疫情造成經濟衰退時，韓國政府與韓國銀行從2021年1月開始增加財政支出、降低利率，啟動寬鬆貨幣政策。但是2021年9月物價上漲率約2％，還是處在相對穩定的水準，一直到2021年10月才開始出現政策效果。也就是說，市場上的貨幣供給量在增加了10個月之後，物價才開始上升。物價上升帶動民眾的預期心理，預期物價上漲率提高，導致名目利率上升。

## 政府與中央銀行的關係

　　各國政府為了維持貨幣價值穩定，以法令或制度保障中央銀行擁有超然地位，不受政府政策影響。只是真正實施起來，通常都言行不一。2011年諾貝爾經濟學獎得主湯瑪斯‧薩金特（Thomas Sargent）曾將政府與中央銀行的關係比喻為分享同一個口袋的兩個機關，在決策上有密切關係。如同前面提過，政府的資金來源是稅金與發行公債，這些內容記載在每年公布的預算書；中央銀行也會獨立制訂自己的貨幣政策方向。理論上，政府與中央銀行的政策協調不會有太大問題，但是如果政府突

〔 韓國歷年基準利率與貨幣供給量增加率變化 〕

——貨幣供給量增加率（左）——基準利率（右）

資料來源：韓國銀行

然需要一筆遠高於稅金收入的財政支出，又該怎麼辦？政府不能無限舉債，這時就要由中央銀行動用貨幣發行權印鈔票，用這些錢購買政府發行的公債，彌補不足的稅金，造成貨幣供給量增加。就像在一個雙薪家庭裡，如果老公不停刷卡消費，老婆就必須加緊賺錢付清卡費一樣。

韓國政府先前也經常動用韓國銀行的貨幣發行權。2017年至2020年韓國政府的財政支出增加率達到年平均9.4％，其中又因為新冠肺炎疫情，韓國政府在市場上大量放出貨幣，導致2020年財政支出增加率高達13.4％。但是依照國家稅收，韓國稅金的平均增加率僅4.3％。因為經濟不景氣時，政府會採取減稅政策，但是增加支出。這段期間，由韓國銀行發行鈔票的貨幣基數（monetary base，又稱準備貨幣）增加率達到年平均11.5％。貨幣基數是中央銀行對市場供給的貨幣數量。當韓國銀行提供貨幣基數，這些錢會被銀行用來放款，因此實際的貨幣供給量會遠高於韓國銀行提供的量。這個情形如同政府超支的部分，由韓國銀行印鈔票來彌補。至於韓國政府為何敢不計後果支出龐大經費，就是因為知道可以運用韓國銀行的貨幣發行權。反正有需要用錢就盡量花，只要向韓國銀行繳交申請書，韓國銀行就會發行貨幣補足差額。不過世界上沒有白吃的午餐。韓國銀行發行貨幣如果引發物價上漲，民眾的實質所得就會減少。假設月薪為100萬韓元，物價只要上漲5％，民眾的購買力就會減少5％，實質薪資剩下95萬韓元。換句話說，政府現在增加財政支出，會留給下一代稅收增加與物價膨脹的後果。這就是為何會物價上漲造成百姓的負擔增加被稱為「通貨膨脹稅」。

這麼說來，中央銀行經常被政府牽著走嗎？也不盡然。若中央銀行

率先宣布升息或減少貨幣供給量，又有落實的意志，就不會成為政府的棋子。這個時候，政府必須以貨幣供給量減少為前提撙節開支。換句話說，如果中央銀行搶先實施貨幣政策，政府就只能以此為前提編列預算。

　　薩金特認為中央銀行與政府只要其中一方先有動作，另一方就只能跟隨並支持。1979年至1987年擔任美國聯準會主席的保羅・沃爾克（Paul Volcker）是出了名的「通膨鬥士」，以強大的領導力管理貨幣供給量，成功抑制物價上漲，展現只要中央銀行率先出手，釋放的訊號也不是煙霧彈，政府就只能減少財政支出的案例。而2008年美國聯準會主席柏南克（Ben Bernanke）則是為了拯救飽受金融海嘯摧殘的經濟，在美國政府提高財政支出之後，以量化寬鬆（QE，quantitative easing）政策回應，對市場釋出大量貨幣。

　　韓國的情況又是如何？韓國銀行的最高決策機構是金融貨幣委員會。從1950年創設至1997年發生亞洲金融風暴為止，金融貨幣委員會主席都由財政部長（或財政經濟院長）擔任。因為由政府官員擔任金融貨幣委員會主席，韓國銀行的決策根本不可能獨立。但在亞洲金融風暴之後，韓國國會修法確保韓國銀行有形式上的獨立，1998年起也改由韓國銀行總裁兼任金融貨幣委員會主席，財政部長無法再參與。可惜到目前為止，外界還是經常批評韓國銀行太看政府臉色。因為韓國銀行決定基準利率時，相對聽從政府意見，才會有「降息容易，升息難」的諷刺之言。總結來說，當政府的財政支出增加，有兩個途徑會讓利率上升。第一，增加發行債券，使市場上的債券利率上升。第二，中央銀行增加貨幣供給量，透過預期物價上漲率增加使利率上升。

# 14 貨幣政策與利率

　　假設有一位棒球投手的平均球速是140公里。某個球季他只留下平均球速130公里的紀錄，沒發揮應有水準。這位投手應該立刻激勵自己能正常發揮，不論是吃補品或體能訓練，各方面都必須加強，設法投出140公里的球速。在另一個球季，這位投手留下平均球速150公里的紀錄。球速變快不見得就是好事，如果真正的實力沒到那個水準，勉強這樣投一兩個球季，肩膀可能受傷，導致球速減慢，甚至提前結束選手生涯。因此，這個時候應該是訓練減少投球力道。棒球投手應該維持好平均球速，再逐漸提升速度，才能延長選手生涯，讓整體有更好的表現。

　　經濟發展也一樣。假設原本的經濟成長率是每年3％。某年經濟只成長1％就停止，代表其中一定有問題。如果政府與中央銀行想讓經濟成長率再往上增加1個百分點，必須祭出政策，例如：政府增加財政支出或中央銀行增加貨幣供給，透過人為操作來刺激景氣。刺激景氣時，降低利率可以減少企業的投資成本，成為吸引企業增加投資的誘因。

　　某一年經濟竟然成長了5％，這時候也不該興奮過頭。經濟成長率如果超過實力太多，會產生景氣過熱與物價上漲的反效果。追求過高的經濟成長率，如同運動選手每逢比賽就打類固醇。面對過高的經濟成長

率，政府與中央銀行應該緊縮支出，設法讓經濟成長率下降到平均水準，才有助於國家經濟的長期發展。緊縮支出會使利率上升，抑制投資與消費。當政府與中央銀行透過利率政策介入經濟，會產生「利率變動→景氣循環」的因果關係。也就是說，當政府先讓利率改變，結果就會對景氣造成影響。兩者的因果關係如同齒輪互相牽動，使利率與景氣相互作用。

　　這麼說，經濟政策到底應該如何執行？一國的經濟實力可以用潛在的國內生產毛額（GDP，gross domestic product）計算。潛在GDP（potential GDP）是一國充分利用生產要素、不考慮物價上升壓力時可達成的生產價值。潛在GDP有可能與實質GDP（real GDP）相等，也可能不相等。如果潛在GDP高於實質GDP，表示經濟資源未被充分利用；如果實質GDP高於潛在GDP，代表經濟過熱。利用實質GDP減掉潛在GDP再除以潛在GDP，可算出GDP缺口率，作為診斷經濟發展的指

〔 GDP缺口率的定義 〕

$$\text{GDP缺口率（\%）} = \frac{\text{實質GDP} - \text{潛在GDP}}{\text{潛在GDP}} \times 100$$

標。如果GDP缺口率很大，表示經濟發展偏離常軌很多，政府應以政策介入，使其恢復正常。利用國際貨幣基金（IMF，International Monetary Fund）推估的GDP缺口率，比較新冠肺炎疫情前後各國的經濟情況與該國採取的經濟政策，可發現幾個重要現象。

首先來看美國。依照IMF的資料，2018年美國的GDP缺口率是0.021％，實質GDP與潛在GDP幾乎沒有差異。2019年GDP缺口率上升到0.673％，代表假設美國的生產力是1萬個產品，2019年生產了1萬67個產品。因為實際生產力高於正常經濟實力，可看成美國經濟有過熱的傾向。就在美國應該讓過熱的經濟降溫之際，新冠疫情爆發，2020年GDP缺口率變為-2.508％。疫情讓民眾的消費減少，企業也減少生產，原本可生產1萬個產品的經濟實力，現在只製造出9,749個。如同原本球速可到140公里的投手，現在只投出不到100公里的球。這時候美國將基準利率從年利率1.75％降為0.25％，足足調降了6碼（1.5個百分點），不僅讓經濟吃補藥，連類固醇也一起打進去，讓美國經濟恢復活力。2021年GDP缺口率為1.466％，美國政府利用政策讓經濟發揮遠高於實力的表現，由於貨幣供給量增加，民眾利用這些錢增加生產與消費，讓景氣再次進入過熱的局面。

貨幣供給量增加會有兩種途徑引起物價上漲。第一種是貨幣供給量直接造成物價上漲，第二種則是消費與生產增加使景氣過熱，且市場上的需求大於供給，因而發生物價上漲。美國經濟遭受新冠疫情重創之後，政府在增加貨幣供給量振興經濟的過程，再次使景氣過熱，引發通膨。2021年初通膨率大約只有1％，2021年底卻上升到7％。換句話

說，疫情之後美國政府利用財政與貨幣政策大量釋放貨幣，如同投出一記迴力標。因為發生經濟景氣過熱、物價上漲，就必須再用提高基準利率來緊縮貨幣。照理說，美國應該從2021年開始升息，美國卻沒這麼做，因此被批評是錯失良機。直到2022年美國才開始大動作升息，2022年GDP缺口率小幅縮減為1.377％。不過美國雖然快速升息，景氣卻絲毫不為所動。升息的影響持續到2023年。IMF預估，2023年美國的GDP缺口率為0.872％。代表美國雖然接連升息，實質產量仍高於潛在GDP，要到2024年美國的GDP缺口率才會降到-0.081％，展現升息的效果。美國景氣衰退的時間點預估在2024年，前提是高利率的步調持續

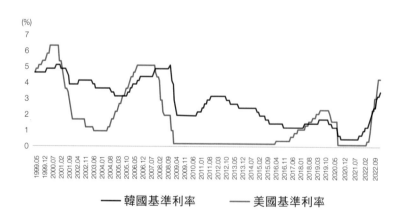

〔 韓國與美國的歷年基準利率走勢 〕

資料來源：韓國銀行

到2024年。當GDP缺口率為負，宣布降息，GDP缺口率為正，宣布升息，這是很自然的經濟政策。

韓國的情況與美國非常類似。2018年韓國的GDP缺口率是 -0.316％，實際經濟表現不如應有水準，但是韓國銀行卻宣布調升基準利率1碼（0.25個百分點）。照理說，當經濟成長未發揮實力，立即施打「降息」的類固醇才是一般解法，韓國銀行卻下了一道會讓經濟更艱困的處方，導致2019年GDP缺口率擴大到 -0.701％，這時韓國銀行才趕緊調降基準利率2碼（0.5個百分點），正式對經濟衰退宣戰。不料2020年初爆發新冠疫情，讓之前的政策處方完全失效，2020年GDP缺口率達到 -2.643％。後來韓國銀行在2020年宣布降息3碼（0.75個百分點）。面對疫情衝擊宣布降息，韓國與美國作法類似，不過真正的問題還在後面。因為就算韓國已經降息，景氣依然不見起色，2021年GDP缺口率仍有 -0.528％，2022年是 -0.1％。顯示韓國的經濟成長依然沒達到應有的水準。

韓國在2021年總共調升基準利率2碼，2022年也調升9碼（2.25個百分點）。因為美國持續升息，韓國為了避免資本外流與匯率走升，不得不跟進升息，導致GDP缺口率長期維持在負值。2023年除了原本的經濟不景氣，還有利率上升帶來的緊縮效果，預估GDP缺口率可能擴大到 -0.78％。韓國的經濟發展原本就不夠穩健，現在又多一道升息的考驗，2023年韓國的經濟不景氣恐怕會更嚴峻。GDP缺口率明明已經長期處在負值，韓國卻無法像美國一樣注射一劑類固醇，不景氣的情況可能還得持續一段時間。目前預估2024年韓國的GDP缺口率約 -0.548％，讓

韓國已面臨停滯性通貨膨脹（stagflation）的傳聞愈來愈有說服力。由於韓國無法像美國一樣讓貨幣政策與景氣變動一致，利率與景氣循環的關係就相當複雜。

　　從政策面來看，美國利用美元是主要儲備貨幣的優勢，盡可能研判國內經濟局勢，實施的是最適當的經濟政策；韓國長期處於經濟不景氣卻無法降息，實施著會讓經濟更衰退的升息政策。除此之外，韓國因為無法像美國一樣非常具攻擊性地升息，變成必須擔心兩國的利率差距萬一太大，會讓金融市場不安。升息也不行，降息也不行，落得受外界批評韓國的經濟政策效果不佳、實施太慢。從經濟面來看，彷彿美國只要打一個噴嚏，韓國就會得流感，這種現象反覆發生。這就是小型開放經濟體的宿命。雖然應該制訂適合韓國的經濟政策，目前似乎還看不到出路。因此韓國要用升息或降息的貨幣政策來調節景氣非常困難，對利率要有一致性的預測也相對不容易。

# 15 利率是危機的訊號

　　1997年首爾明洞UNESCO House商業大樓的周邊地下錢莊林立。在不到10坪、連招牌都沒有的小小辦公室裡，擠滿了等待交易商業本票的民眾。當時地下錢莊除了提供個人與中小企業貸款，就連韓寶（Hanbo）、三美（Sammi）、起亞（KIA）等，只要說得出公司名稱的商業本票，都能在這裡兌現。大企業向供應商採購時不會立刻用現金支付貨款，通常是開立付款期限約3個月的本票。持有這張本票的人，3個月後才能憑票向企業領款。對於立刻就需要現金的人，願意以折扣價格將本票在市場上轉讓。這時本票的折扣率會依照發行企業的資金健全程度有高有低。本票的折扣率也就是利率，可作為反映企業信用評等與財務狀況的指標。

　　如果想知道當時韓國的經濟景氣與企業資金情況，可以觀察大企業的商業本票利率。假如有一天在地下錢莊市場流通的本票利率突然升高，某些企業的本票暫停交易，通常一兩個月後，新聞就會出現這些企業週轉不靈的消息，再過一兩個月，這些公司就會依照債權人團體的要求宣告破產。地下錢莊市場堪稱當時企業營運動向的資訊站。

## 〔 韓國利率自由化四階段 〕

| | 自由化對象 | | | 時間 |
| --- | --- | --- | --- | --- |
| | 收受存款 | 放款 | 債券 | |
| 第一階段 | 可轉讓定期存單、高額附買回協議等短期商品 | 透支、商業本票貼現等短期貸款 | 2年期以上的公司債 | 1991.11 |
| 第二階段 | 第一、二類金融機構的2年期以上長期存款與3年期以上定期存款等 | 排除財政部與韓國銀行支援對象的所有第一、二類金融機構貸款 | ·未滿2年期的公司債<br>·2年期以上的金融債 | 1993.11 |
| 第三階段 | 短期商品自由化幅度放寬（1994年至1995年中）活期存款以外的未滿2年期存款（1996年中） | 韓國銀行支援對象的政策資金貸款（1994年至1995年中） | — | 1994.7<br>1994.12<br>1995.7<br>1995.11 |
| 第四階段 | 前三階段未完成自由化的短期存款與活期存款 | — | — | 1997.7 |

資料來源：KDI韓國經濟60年史

　　韓國的利率自由化從1991年到1997年分為四階段。在利率自由化之前，韓國政府利用政策決定存款與債券利率，金融交易依照該利率水準進行。不過在推動利率自由化之後，金融機構可以自主決定金融商品的利率。

　　1997年夏天，韓國完成利率自由化。當時韓國的公司債（AA-，3年

期）的年利率是大約12％。對一家正常運作的企業而言，可以用12％的利率發行債券來取得資金。不過這樣的交易實際只存在於體制內的金融機構。企業的財務結構如果有問題，資本市場會最先嗅出異狀。願意出錢買債券的人擁有預知錢會不會血本無歸的本能。1997年韓寶、三美、起亞等公司的財務狀況特別差，企業只要營運一出狀況，銀行就會要求清償貸款，市場上不會再有這些公司的債券交易。雖然當時已經利率自由化，銀行的貸款利率與公司債利率卻沒有立即反映市場情況。企業如果發生資金調度困難，利率應該是要上升，當時的利率機制卻沒出現應有的彈性調整。結果，金融機構不但沒有提高貸款利率、債券利率，持

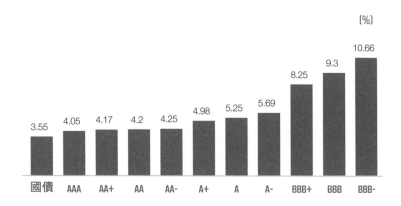

〔 **韓國依信用評等的債券利率**（3年期）〕

資料來源：韓國信用評價（2023年2月24日）

續對企業提供資金，反而直接切斷資金供給，才會引發資金緊縮的連鎖
反應。

這些企業的債券與本票被拿到地下錢莊交易，利率高到不像話。對
比公司債市場年利率僅12％，地下錢莊的年利率超過20％。即便如此，
為了避免公司倒閉，當時數一數二的大企業也向地下錢莊借高利貸，就
是為了取得資金應急。1997年向地下錢莊借高利貸只為延續公司命脈的
企業，最後因為連地下錢莊也中斷交易，還是逃不掉破產命運。

利率在正常的資金交易裡只是借貸的代價。但是當企業財務惡化、
危機四伏時，利率可以當作預告企業命運的指標。一開始笑著金錢往來
的債權人，將來可能變得面目猙獰。

現在已經不是1997年，市場利率非常有彈性，不論是公債或公司
債，利率都依照到期日或信用評等細分。

信用評等愈低、到期日愈長的債券，利率通常較高；相同的信用評
等的債券也會因為發行的公司不同，使債券利率有所不同。雖然資本市
場已經完全自由化、也變得先進多了，債券市場經過歲月流逝卻沒有太
大差異。債權人總是用銳利的雙眼緊盯企業的財務狀況，一察覺異常氣
氛，立刻開始拋售債券，造成債券價格下跌、利率上升。萬一情況太嚴
重，還會終止債券買賣，要求企業清償債務。這時候企業就算得去地下
錢莊，也必須借錢來還。因為無法滿足債權人要求的企業就無法生存，
這個現象不論是過去或者現在幾乎都是一樣。

# 陷入群眾心理的人們

資本市場不會只有漸進與理性的變化，只要傳出某家企業可能週轉不靈，債權人就會認為盡快收回債權比較有利，一窩蜂地要求企業還錢。然而，有時候就算企業正常營運沒有特殊問題，也會因為謠言影響資本市場。2022年10月韓國的樂高樂園（LEGOLAND Korea Resort）事件就曾嚴重打擊債券市場，呈現出債券市場脆弱的一面。

樂高樂園曾經為了落腳江原道中島，成立江原中島開發公司（Gangwon Jungdo-development Corporation）。該公司在獲得江原道政府的保證之後，公開銷售2,050億韓元的資產基礎商業本票（ABCP，asset-backed commercial paper），2022年期滿時卻無力付款。市場上認為該本票有江原道政府做保證，江原道政府應該會代為支付，沒料到江原道政府不但拒絕，還向法院提出江原中島開發公司的企業回生程序⑤申請。企業只要進入回生程序，本票就會被裁定為破產，企業則會依照法院的管理程序清償債權、債務關係。當時受美國大規模升息影響，韓國金融市場非常不穩定，突然又多出地方政府無法清償債務的震撼彈，加重資金緊縮。造成韓國電力公司（Korea Electric Power Corporation）、韓國道路公司（Korea Expressway Corporation）等其他公營企業發行債券的也被拒絕。不僅如此，地方政府無力償還債務的消息傳到國外，信用評等機構甚至考慮調降韓國的信用評等。江原道政府短視近利的決策引發蝴蝶

---

⑤ 編按：依據韓國法律規定，企業回生程序是指在法院的主導下，調整股東、債權人等利害關係人的法律關係，促使面臨危機的企業恢復經營的一種法律程序。

效應，讓韓國債券市場陷入混亂。債券市場如果出現這種出於群眾心理而發生的從眾現象，企業很容易蒙受損失。

　　不是只有企業，國家與個人的情況也相似。1997年亞洲金融風暴發生的原因之一，就是有部分金融機構持有的外匯不足，無法清償外債，促使海外債權人想要全面回收在韓國的債權，加重外匯短缺的問題。只要外國債權人大規模要求還債，就算是國家也難以招架。雖然亞洲金融風暴的根本原因是韓國的外匯管理不力，但是加上國外債權人的群眾心理，更一發不可收拾。1997年國際信用評等機構穆迪公司曾在一年內將韓國的國家信用評等調降6級，韓國發行的債券也被判定為垃圾債券[6]。由於信用評等機構給予的等級溜滑梯式下降，韓國的債券利率急速攀升，國外債權人接連要求清償。無法撐過龐大的債務清償要求，韓國最終在1997年11月向IMF申請金融援助。

　　個人的信用變差，銀行會提高貸款利率，並且要求清償一部分的債務；若被銀行拒絕往來，還可以前往儲蓄銀行或專辦貸款的第二、三類金融機構申請貸款。如果到合法的第二、三類金融機構都無法順利借款，就只剩高利貸的地下錢莊。有句韓國俚語：「用賒帳的話，牛也可以抓來吃！」意思是說，反正可以借錢，想吃、想用的就隨便拿吧！假如用借錢買來的東西價格上漲，而且還能賺錢，辦貸款的誘惑又更強了。2020年韓國社會曾興起一股風氣，許多人為了借錢來投資，無所不

---

⑥ 編按：junk bond，是指低信用評等的債券，因呆帳風險高，需要透過提高債券利息來吸引投資者。

用其極，就是該俚語的寫照。用借來的錢買股票、買房子，結果股價上漲、房價上升，彷彿躺著都能賺錢。如果真有這麼好的事情，不去借錢反而奇怪，大家應該都在到處借錢。但是明眼人一看都知道，這種遊戲方式無法長久。因為資本主義經濟的歷史一再告訴大家，利用負債來保障生活的經濟型態，最終只會落得窮困潦倒。2022年韓國利率開始上升，資金緊縮，許多人因為高利率與負債的問題受苦。

# 16 利率的反撲與新型金融危機

　　在2023年3月，美國矽谷銀行（Silicon Valley Bank）宣布倒閉、瑞士信貸集團（Credit Suisse Group AG）被瑞銀集團（UBS Group AG）購併，多件銀行界的消息震撼全球市場。美國政府為了避免銀行危機影響經濟，破例承諾矽谷銀行存戶仍然可以完全使用存放在矽谷銀行的資金，亦即不惜採取任何手段，都想避免金融動盪引發的銀行連鎖倒閉。扮演美國央行角色的聯準會也緊急宣布，以政府價格（非市價）評估銀行持有的債券作為擔保品，對銀行提供必要的貸款。

　　債券價格在利率上升時會下跌。對於因為利率上升而價格下跌的債券，用政府公告的利率計算價格，等於是用比較貴的價錢買便宜物品。也就是說，美國政府為了讓金融系統維持穩定，採取了破天荒的政策。當時銀行的危機是如何發生？從銀行的資產負債表（balance sheet）結構可以比較容易理解原因。

　　2023年美國南加州大學（University of Southern California）研究團隊針對美國4,844家銀行的資產負債表進行分析後，發表了一篇論文。論

文內容提到，這些銀行的總資產約 24 兆美元（約合新台幣 766 兆元）。
假設銀行的資產與負債各為 100％，資產的組成是：現金 14.1％、債券
25.2％、貸款 46.6％、其他資產 14.1％等；負債的組成則是：有存款保
險的存款 41.1％、無存款保險的存款 37.4％、資本約 9.5％。存戶的存款
對銀行而言是必須歸還的負債，存款保險是政府提供的保障本金和利息
的制度，就算銀行倒閉，存戶存放的金錢也不受影響。各國提供的存款
保險額度不同，美國是最高 25 萬美元（約合新台幣 798 萬元），韓國則
是最高 5,000 萬韓元（約合新台幣 122 萬元）。[⑦] 金額上限記載於相關法
令，由各國依照平均所得、存款金額、金融環境等因素評估之後決定。
1997 年發生亞洲金融風暴前，韓國的每人存款保險上限是 2,000 萬韓
元，金融風暴發生擠兌事件後，一度更改為全額，隨著金融市場逐漸恢
復穩定，2001 年韓國才將存款保險上限調整為 5,000 萬韓元，一直實施
至今。

　　銀行持有的資產中，會因為利率改變價值的是債券。構成資產的貸
款與現金不會因為利率變動就改變價值。舉例來說：銀行的資產有將近
一半是貸款，貸款的利率已經固定，未來就會收回本金與貸款利息。在
銀行負債占大部分的存款也是利率已經固定，期滿時支付本金與存款利
息，中間就算有利率變動，銀行的資產與負債價值都不會改變。但是債
券不同，只要債券市場利率上升，債券價格就會下跌；利率下跌，債券
價格上升。銀行將債券價格即時反映在資產負債表上，當利率上升使債

---

⑦ 編按：台灣的中央存保公司的最高保額為新台幣 300 萬元。

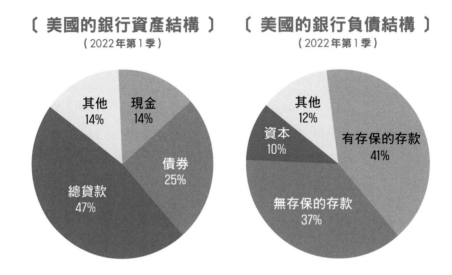

〔 美國的銀行資產結構 〕
（2022年第1季）

〔 美國的銀行負債結構 〕
（2022年第1季）

其他
14%

現金
14%

債券
25%

總貸款
47%

其他
12%

資本
10%

有存保的存款
41%

無存保的存款
37%

　　券價格下跌，銀行的資產負債表會出現資產減少，成為銀行的損失。當銀行的資產減少、損失增加，就會讓往來客戶感到不安。

　　銀行將債券作為資產持有的目的有二：第一是將債券作為投資，如果利率下跌可賺得差價，增加獲利；第二是維持流動性。如同論文中的資產負債表結構，存款在美國的銀行幾乎占負債80％，存戶如果前來提款，銀行必須立刻以持有的現金支付。萬一可動用的現金不夠，就得趕快賣出債券才能維持流動性。因為銀行需要錢的時候，幾乎無法立刻向貸款人回收資金，債券卻可以立即在資本市場上進行買賣。

　　從資產負債表來看，美國的銀行基於下列原因而有著風險。首先是

貸款管理不當。申請貸款的企業若宣布倒閉，銀行可回收的資金就會減少。銀行購買企業的公司債也一樣，如果發行債券的企業被淘空，銀行的資產就如同浮報，使銀行的資產少於負債。因為銀行的負債大部分是存款，當存戶一發現銀行的資產不足，擔心將來領不到存款的想法油然而生，立刻就想取出存款。

特別是未受存款保險的高額存戶，這些人會最先提款。只要一出現有人想提款，但銀行的現金不足，大批民眾就會立刻蜂擁而至，同時要求提款，引發銀行的擠兌現象。若銀行無法撐過難關，結局就是倒閉。從前包含美國在內，有許多國家的銀行發生過擠兌而倒閉。韓國在1997年亞洲金融風暴時，許多銀行倒閉也是出於相同原因。

## 矽谷銀行破產的原因

矽谷銀行破產的原因又跟前面談的有些不同。這間銀行並沒有發生資產管理不實的問題，卻因為美國聯準會緊縮政策太猛烈，利率直線攀升，債券產生評價損失。也就是說，在資產負債表上，債券的價值大幅縮水，銀行出現損失。但是矽谷銀行持有的債券大部分是美國國債，不太可能發生債券發行機構被淘空的問題，然而，債券價格下跌就是會讓銀行虧損，導致資產負債表上的資產減少。加上利率飆升還造成其他資產也發生評價損失，更凸顯矽谷銀行資本縮水。矽谷銀行為了從這樣的窘境解套，宣布增資20多億美元以使資產增加，這個動作反而讓存戶更為不安，出現擠兌風潮。由於存戶在一天之內提領了420億美元，超出

矽谷銀行的資產水準，最後只能宣布倒閉。

如果看銀行的資產負債表，這種問題在任何銀行都可能發生。只要升息的速度太快，債券就會發生評價損失。這種虧損會令存戶不安，決定提領存款。這篇論文預估美國會因為升息，造成6,200億美元的評價損失，約占所有銀行資產2.6％。數字上來看，2.6％的比率雖然不高，但是無法預測擠兌會在哪一家銀行發生。

銀行系統平常看起來風平浪靜，但處處隱藏可能引爆的雷管。重要的是銀行與存戶之間必須建立互信，只要存戶相信雷管不會爆炸，就算看到銀行有風險徵兆，也不會因此動搖。不過只要信賴消失，存戶的集體行動，就會讓銀行倒閉。

# 第 4 章

# 利率與匯率

# 17 利率是樹木，匯率是森林

在經濟的世界裡，利率如果是一棵棵的大樹，匯率就是一座森林。利率代表金融市場訂出的各種價格，匯率則是反映這些價格與商品市場變化的一國貨幣價格。因此，匯率也能當作國家總體經濟是否發展良好的經濟指標。如果匯率穩定，代表該國的經濟發展穩定；如果匯率不穩定，表示該國的經濟發展也不穩定。這就是為何大多數國家將維持匯率穩定作為最優先的經濟政策課題。認識樹木才能認識森林，認識森林才更了解樹木，利率與匯率的關係也是如此。

基本上，利率由資本市場的需求與供給決定。韓國除了有資本市場，還有許多其他市場。股票市場進行股票交易，手機、汽車等製造業的市場有眾多商品交易，運動、教育等服務業也有相關市場。這些市場除了有本國人在進行交易，也有許多外國人參與。外國人如果要在韓國買東西，必須先把原本持有的貨幣兌換成韓元，依照各國貨幣的交換比例進行。一般來說，世界各國要進行交易之前，會先把本國貨幣兌換成美元，再持美元兌換成當地貨幣進行交易，這種方式最為常見。當各國貨幣與美元的交換比例確定，各國之間的交換比例也跟著確定。舉例來說：假設韓國與美國的匯率是1美元兌1,000韓元，美國與日本的匯率

是 1 美元兌 100 日圓，這時候日本與韓國的匯率就是 100 日圓兌 1,000 韓元。由於現在還沒有市場能讓韓元與日圓直接兌換，因此，如果要將韓元兌換成日圓，中間必須多一道換成美元的手續。雖然韓元與日圓無法直接交易，但是可以將美元當作媒介，計算出韓元與日圓的價值，稱之為裁定匯率（arbitrated rate）。由於韓國除了美元之外，幾乎沒有其他可以直接交易的外幣市場，因此決定「1 美元匯率」的外匯市場規模遠大於其他外幣市場，學會美元匯率的運作機制是學習匯率的基本。

## 大麥克指數與實質匯率的差異

因為匯率每分每秒都在改變，才會有現代外匯市場急迫、動盪的說法。即便如此，思考匯率的時候，還是要有一個中心思想。經濟學者常提到的「大麥克指數」（Big Mac index）就是這個概念。大麥克指數的邏輯非常簡單，麥當勞（McDonald's）的「大麥克」漢堡在許多國家都有銷售，吃起來口味、份量沒有太大差異，理論上價值也應該相差無幾。2023 年 2 月韓國的大麥克售價是 4,400 韓元，美國的大麥克是 5.3 美元（若以 1 美元兌 1,295 韓元計算，約為 6,863 韓元）。相同物品的價值分別用兩個國家的貨幣衡量，自然可以計算出兩國貨幣的交換比例（4,400 韓元與 5.3 美元）。依照這個比例算出的 1 美元匯率是 830 韓元。但是在同一天銀行公告的外匯市場美元匯率卻是 1,295 韓元，比用大麥克指數計算的匯率高出 400 韓元。換句話說，如果用銀行的牌告匯率買大麥克，在美國買會比在韓國貴 2,400 韓元。

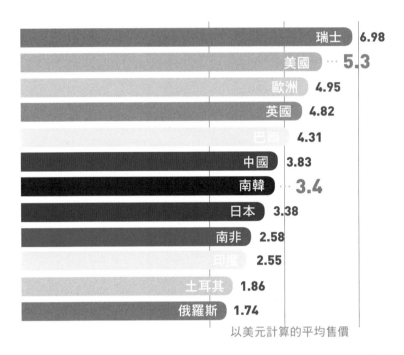

| | |
|---|---|
| 瑞士 | 6.98 |
| 美國 | 5.3 |
| 歐洲 | 4.95 |
| 英國 | 4.82 |
| 巴西 | 4.31 |
| 中國 | 3.83 |
| 南韓 | 3.4 |
| 日本 | 3.38 |
| 南非 | 2.58 |
| 印度 | 2.55 |
| 土耳其 | 1.86 |
| 俄羅斯 | 1.74 |

以美元計算的平均售價

資料來源：Finkrypt

2023年2月以各國麥當勞的大麥克售價算出大麥克指數。結果顯示，韓國的大麥克比美國便宜2,400韓元。不過實際匯率的計算必須考慮進出口等其他成本因素。

　　除了大麥克之外，韓國向美國購買的商品比韓國銷售到美國的商品來得多，這也會造成大麥克指數與實際匯率不同。匯率的計算不是只有大麥克漢堡，而是由所有進出口商品決定。舉例來說：韓國從美國進口牛肉與iPhone手機，將汽車與半導體出口到美國。韓國將產品出口到美國可以賺得美元，從美國進口商品就要用美元支付。如果韓國從美國進口產品的價格高於韓國出口到美國的產品價格，韓國的美元需求就會大

於供給。依照產業通商資源部（Ministry of Trade, Industry and Energy）公布的資料，2023年2月韓國商品出口總金額為501億美元，從國外進口商品的總金額是554億美元。由於進口總金額比出口總金額高出53億美元，韓國對美元的需求就多出53億美元。美元需求增加會使美元的價格上漲，韓元價格相對貶值。韓元貶值代表1美元的匯率上升。

韓國人與外國人的金融交易也會影響匯率。在韓國如果要投資美國股市、債券或購買基金，必須先將韓元兌換成美元。同理，外國人如果要投資韓國的金融市場，也必須將美元兌換成韓元。這就產生美元與韓元的需求。韓國金融監督院（Financial Supervisory Service）公布的資料顯示，2023年2月外國人在韓國股市淨匯入1兆1,690億韓元（以匯率1,276韓元計算，約9億270萬美元）。淨匯入是買股總金額減去賣股總金額的差。

相同期間，外國人在韓國債券市場淨匯出7,780億韓元。淨匯出是賣出債券的金額與買入債券的金額相減。如果淨匯出的金額為正，表示外國人賣債券抽走資金的量高於買債券投資的量。將韓國股市與債券市場的外資變動相加，外國人在2023年2月這一個月之中，因為進行股票與債券投資，總共有3,910億韓元流入韓國，以當時匯率（1美元兌1,276韓元）換算約為3億美元。先前韓國在商品市場有53億美元淨流出，在金融市場有3億美元淨流入，相對於美元流入，流出的美元多出50億美元。大量美元外流也會造成匯率上升（韓元貶值）。實際上，2023年1月韓國的1美元匯率是1,245韓元，2月上升則到1,276韓元。

# 出口擴張的匯率政策

還要回答一個疑問。用大麥克指數計算的美元兌韓元匯率是800韓元，實際匯率竟然超過1,200韓元。雖然商品市場與金融市場的需求及供給經常改變，難道足以解釋兩者之間的價差高達400韓元？用需求與供給的市場均衡理論說明匯率時，還必須提到政策。匯率水準與政府的經濟政策有密切關係。韓國是出口導向型（export-led growth）經濟，也就是對國外出口多一點商品才會富裕。1960年代韓國定調採取出口導向之後，經濟政策就一直以出口擴張為優先。

如果要出口多一點商品，首先必須把產品的品質做好。但是韓國在經濟發展初期還沒有品質優良的生產技術，生產設備也相對不足。剛好當時韓國的薪資水準低，可以用較少的薪資雇用勞工，降低生產成本，然後再搭配貶值政策獲取競爭力。如果匯率維持走高，從韓國出口到國外的產品價格就低。舉例來說：假設匯率是1美元兌1,000韓元，製造一件衣服的成本是1,000韓元，這時韓國將這件衣服外銷到美國的價格就是1美元。如果匯率上升到1,200韓元，這件衣服在美國就變成0.83美元。換句話說，衣服在韓國的製造成本沒有改變，換算成美元的價格卻減少17％。商品價格變便宜，自然會比較好賣，於是韓國利用貶值政策讓出口品的價格下降，帶動出口增加。現在的韓國雖然單憑技術與資本也能充分維持出口競爭力，但在1960年至1980年代，如果沒有利用匯率政策壓低出口價格，很難增加出口。也因為這個緣故，以前韓國的匯率經常維持在比市場均衡價格略高的水準。現在韓國已經改用浮動匯率制度，

如果政府又積極介入外匯市場，會被認為是「匯率操縱國」（currency manipulator），因此政府無法擺明了利用政策調控匯率。雖說如此，當外匯市場發生劇烈變動，國家絕對不會冷眼旁觀，匯率市場與政府的關係就形成灰色地帶。

　　影響匯率的原因有來自商品市場與金融市場的美元需求與供給，以及政府的經濟政策。那麼利率與匯率又有什麼關係？利率影響匯率的方式很多。假如我國的利率上升，外國人會增加購買我國債券。因為利率高可以賺到較多利息，將來利率下降時還可以增加資本利得。但是利率上升會使企業的資金負擔加重，影響業績，連帶造成股價下跌。這時，外國人將資金從股票市場抽離的可能性提高。也就是說，高利率在債券市場能吸引海外的資金流入，在股票市場卻會造成資金流出。這兩種現象何者對匯率的影響較大，必須視情況而定。不僅如此，利率上升會使企業投資減少。因為大部分企業都是借錢來進行投資，利率上升就會使投資的成本增加。當企業的投資減少，生產活動也會減緩，對國外的出口跟著減少。對個人來說，利率上升會使個人更傾向增加儲蓄、減少消費，消費減少造成外國進口跟著減少。換句話說，利率除了透過金融市場影響匯率，也會透過商品市場影響外匯需求，對匯率造成影響。

　　通常利率在外匯市場的效果，會比在商品市場更快有反應。2022 年美國實施緊縮政策，利率一開始快速上升，外資就開始逃離韓國金融市場，韓國的美元匯率也大幅上升。因此，如果要掌握匯率變化，必須每天留意債券、股市等金融市場的動向。還有一點必須注意，看與其他國家比較的相對數值，會比單看絕對數字更有意義。舉例來說：假設韓國

的利率從3%上升到5%，相同期間，美國的利率從2%上升到6%。雖然韓國利率的絕對水準上升，也能看成是相對下降。因為原本韓國利率比美國高出1個百分點，在美國接連升息之後，韓國利率反而比美國低1個百分點。當韓國利率相對比美國低，外資會往利率高的美國移動，使韓國的匯率上升，韓元價格就相對下降。當韓國的利率相對比美國低，匯率上升會造成韓國的進口品價格上漲，出口品價格下跌。進口品價格上漲是造成韓國物價上漲的原因之一，出口品價格下跌則會帶來出口擴張的效果。

# **18**利率、匯率、國家破產

2000年代初期，曾有一位負責韓國外匯業務的政府官員發表見解，認為韓國最適當的匯率是1美元兌1,100韓元。意思是，韓元與美元以這個比例交換，最適合韓國的經濟發展。這位官員表示，韓國企業如果想維持出口競爭力，應該接受1美元兌1,100韓元的匯率水準。換句話說，如果拿掉「價格」這項條件，韓國企業與韓國的產業競爭力幾乎沒有看頭。

難道匯率高一定是好事？不盡然。匯率高雖然有利於出口，同樣也有負面影響。對參與韓國股市與債券市場的外國投資者而言，匯率上升（韓元貶值）會發生損失。假設匯率是1,100韓元，外國投資者用1萬美元換匯進入韓國股票市場，購買價值1,100韓元的股票。當匯率上升到1,200韓元時，就算股價維持不變，投資人將股票換回美元只剩下9,167美元。因此，匯率如果上升太多，會讓外國投資者逃離韓國市場，造成金融市場動盪不安，經濟變得不穩定。1997年亞洲金融風暴時，韓國就曾因為外資大量逃離，最後必須接受IMF的援助。韓國的經濟非常容易受外在因素影響，受匯率擺布可看成是一種宿命。

一般而言，韓國與其他開發中國家雖然知道本國貨幣貶值能提高

出口競爭力，卻更擔心本國貨幣貶值會造成外國資本出走。因此新興國家如果發現匯率高過一定水準，政府就會出手干預匯率。假如一國同時出現貨幣貶值與外資撤離，就會形成貨幣貶值與資本外流的惡性循環，讓國際投機客有機可乘。投機客在新興國家的政府採取政策進行匯率防禦之際，會反向操作賺取利差。他們故意鎖定經濟體質較弱的國家進場買賣貨幣，擾亂市場，獲得利潤之後離開。如果投機客太常使用這種手段，該國就會陷入外匯的流動性危機。

　　新興國家的資本外流，最常發生在美國利率上升間期。1990年代後半，美國的基準利率從年利率3％上升到6％，造成韓國、墨西哥、泰國、印尼、俄羅斯、巴西、阿根廷等國家瀕臨破產，後來靠著向IMF申請金融援助才驚險度過。只要美國的利率上升，各國金融市場的外匯就會流出，即使國內跟著升息，也無法也阻擋資金外流，於是發生外匯的流動性危機。新興國家雖然跟著美國升息，只要發生一次資本撤離，本國貨幣貶值，國際投機客也來湊熱鬧，新興國家就很難再阻擋本國貨幣貶值。以土耳其為例，為了避免匯率上升，就曾大幅調高基準利率。2020年底基準利率是10.25％，2021年3月上升到19％。隨著高利率造成的負面影響變大，土耳其開始降息。2021年3月土耳其的匯率是1美元兌8.332里拉，2023年5月變成1美元兌20.6259里拉。短短2年時間，匯率飆升2.5倍。

　　2022年美國開始用很快的步調升息，造成其他新興國家也像土耳其一樣，貨幣大幅貶值。雖然新興國家跟著美國調升利率，依然無法阻擋資本外移。依照韓國銀行的統計，2022年2月至2023年2月埃及貨幣貶

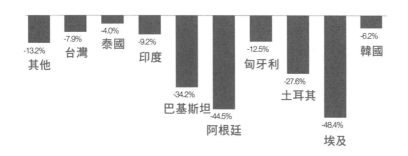

### 〔 美國緊縮後各國的幣值變化 〕
（2022年2月～ 2023年2月）

資料來源：韓國銀行

值48.4％，阿根廷貶值44.5％。這是因為埃及與阿根廷無法招架美國的緊縮政策，除了外匯市場發生流動性危機，同時還遭遇投機客攻擊。巴基斯坦（-34.2％）與土耳其（-27.6％）貨幣價值也是慘跌。這些貨幣價值重貶的國家面臨破產危機，其中也有國家向IMF申請金融援助。這段期間韓國的貨幣價值減少6.2％，貶值幅度雖然比其他國家相小，依然不能掉以輕心。

　　匯率經常扮演發出經濟警訊的角色。從1990年1月至2023年2月，期間共有396個月，其中有74個月，韓國的月平均匯率高於1,200韓元。換句話說，以「月」為單位來看，只有18.7％的期間匯率超過1,200韓元，其餘時間匯率都在1,200韓元以下。

## 匯率防線1,200韓元

　　以往只要美元兌韓元匯率高於1,200韓元，韓國的經濟就會遭受重大衝擊。發生亞洲金融風暴的1997年12月至1998年12月，月平均匯率高於1,200韓元，一度還逼近2,000韓元，大批外資逃離韓國，綜合股價指數（KOSPI）重捧，甚至面臨300點保衛戰。當時韓國政府為了吸引美元流入，用盡各種方法，不但將年利率調升到20％，針對不利於外國投資的制度也予以鬆綁，但是海外投資人依然不願意進場。最後逼不得已，韓國政府向民眾發起「獻金運動」[8]，把募集到的黃金賣到海外換取美元。

　　亞洲金融風暴之後，2000年12月至2003年3月韓元匯率又高過1,200韓元。當時經濟受網路泡沫（dot-com bubble）影響，銀行浮濫發卡，信用不良者暴增，讓韓國再次面臨危機。之後是2008年的雷曼兄弟引發金融海嘯時，韓元匯率也超過1,200韓元，外資大舉逃離，房地產市場泡沫化，房價出現崩跌。再來是2020年3月至6月匯率高於1,200韓元，新冠肺炎疫情嚴重打擊經濟。

　　2020年7月以後，韓國的匯率雖然低於1,200韓元，但美國一實施緊縮政策，2022年3月至2023年2月的韓元匯率又維持在高於1,200韓元。以往只要韓元匯率持續高過1,200韓元，韓國的經濟就會受大受打擊，股價等金融指標也會大幅震盪。還有另一點需要注意，如果匯率高

---

⑧　譯註：1998年1月5日韓國各地正式展開獻金運動，大約有351萬國民響應，慷慨捐出自己擁有的黃金。短短兩月內總共募集到約227噸黃金。

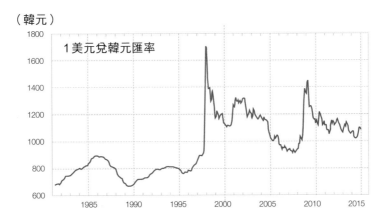

（韓元）

1美元兌韓元匯率

1998年亞洲金融風暴時，韓國匯率一度逼近1美元兌2,000韓元。如果韓國匯率長期高於1,200韓元，對韓國的經濟就是一大警訊。

過1,200韓元，貿易收支也是逆差，風險程度就會更大。回顧亞洲金融風暴、卡債危機、全球金融海嘯等，這些危機程度相對高的事件期間，韓國匯率都超過1,200韓元，貿易收支也都呈現逆差。2022年美國開始實施緊縮政策，韓國匯率又高於1,200韓元，貿易收支也是逆差。相形之下，韓元匯率低於1,200韓元且貿易收支有順差的期間，經濟情況大多良好，沒有特別的危機徵兆，經濟也維持穩定成長，這就是金髮女孩經濟（goldilocks economy）。金髮女孩經濟期間，景氣不會過熱也不至於蕭條，剛好維持在一種不多不少、中庸的適當狀態。

歷史已經告訴大家，匯率1,200韓元對韓國經濟的象徵意義，韓國政府與市場是否有嚴守這條防線值得注意。雖然國內與國外的經濟環境跟以前已經有許多不同，但匯率高於1,200韓元仍然是一個有壓力的水準。

## 〔 匯率防線1,200韓元 〕

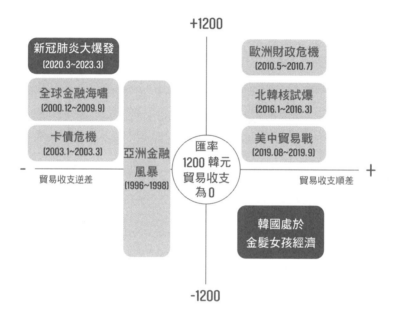

匯率上升到最高點，代表整個韓國已經處在高風險。韓元貶值的時候，很難期待股市、債券、房地產等各種資產價格上漲。此外，匯率1,200韓元也意味著外國人對韓國投資開始覺得不安。當匯率降到1,200韓元以下，如果韓國政府有意推動經濟政策，貨幣政策與財政政策比較能刺激國內景氣、減少失業。如果匯率高於1,200韓元，政府應該優先實施考慮

外在經濟環境的政策。這個時候不能降低利率，也不能實施會讓國家債務增多的擴張性財政政策，而應該調升利率，設法避免外資流出。2022年以來，只要匯率高於1,200韓元，韓國銀行金融貨幣委員會宣布基準利率之前，都會將匯率變化作為非常重要的變數納入評估。在學習金融政策與市場變化的路上，匯率的重要性值得再三強調。

# 19 經濟政策的三難困境與利率

　　經濟困難的時候，民眾會本能地找上政府，希望政府能做些什麼來穩定經濟，政府就得端出各種經濟振興政策。物價上漲的時候調升利率，經濟不景氣的時候從財政上放出貨幣刺激景氣。像韓國這樣的小型開放經濟體，對匯率的變動相當敏感，但是政府能用經濟政策解決的問題卻非常少。政府出手干預一項問題，反而會讓另一項問題更嚴重。經濟學裡用「三難困境」（trilemma）比喻政府的尷尬立場。

　　Trilemma是由希臘數字3「tri」與引理「lemma」結合而成的單字，意思是如果解決了三個問題中的其中一個，另外兩個或另外兩個的其中之一會變更嚴重，代表三個問題無法同時獲得解決的困境。經濟政策的三難困境是什麼呢？

　　先來探討物價與經濟景氣的關係。利率上升會產生吸收市場資金的效果，造成物價下跌，政府可以依照這個邏輯推行政策穩定物價。但是如果政府利用升息來抑制物價上漲，會造成經濟更不景氣。這就是政府必須在物價與景氣之間做取捨的兩難（dilemma）。

　　開放經濟體的利率與匯率也是關係密切。利率高的時候會吸引國

## 〔 韓國歷年利率與匯率的關係 〕

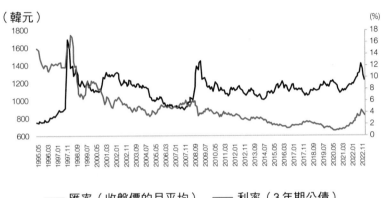

資料來源：韓國銀行

外資金流入，造成匯率下跌（韓元升值）；利率低的時候資金往海外流出，引起匯率上升（韓元貶值）。

　　政府採取經濟政策的時候，如果連匯率也一起考慮，決策者的思維就會變得相當複雜。假如要刺激景氣宣布降息，國內的貨幣數量增加，造成物價上漲，以及韓元貶值，匯率上升。匯率一上升，進口品的價格跟著上漲，造成國內物價上漲更多。

　　還有另一項問題。如果國內利率下降造成韓元貶值（匯率上升），原本持有韓元的人會想要改成持有美元，導致國內金融市場的資本流出。資本流出會讓韓元貶值更多（匯率上升），再次加重物價上漲的問題，成為一個惡性循環。最後，政府以降息來振興經濟，同時引來物價

上升與匯率上升（貨幣貶值）的反效果。

　　如果政府要用升息來解決物價上漲，又會出現什麼結果？因為國內的貨幣數量減少，會造成景氣衰退。對國外而言，利率上升會使貨幣升值（匯率下跌），這時從本國出口到國外的商品價格相對高。出口品價格上漲，造成外國的進口減少。國內則因出口減少發生景氣衰退。簡單來說，就是形成「利率上升→物價穩定→景氣衰退→匯率下跌→出口減少→景氣更衰退」的惡性循環。

　　不是只有貨幣政策才會引起反效果。政府發行公債，要將這筆錢用來增加財政支出，刺激景氣，也會發生類似現象。當政府在市場上發行公債，公債數量增加，市場上的公債價格下跌（利率上升）。利率上升使民間企業的投資成本增加，造成民間投資減少。投資如果減少，政府就無法獲得刺激景氣的效果。而且國內利率上升會引發韓元升值（匯率下跌），導致出口減少。

　　相反地，如果政府為了避免景氣過熱，決定緊縮財政支出，減少發行公債，這時會使公債價格上升（利率下跌）。利率下跌會使民間投資增加。萬一引發韓元貶值（匯率上升），匯率上升帶動出口增加，結果造成景氣升溫。換句話說，政府為了避免景氣過熱而減少支出，反而讓民間的景氣過熱。政府的政策造成市場利率變動，利率變動又會帶來政策目的以外的負面效果。

　　像韓國這樣的開放型經濟體，很難找到可以同時維持景氣、物價及匯率穩定的政策組合，必須有所取捨，只追求最想達成的目標，這樣的政策才能以所有利率為媒介發揮效果。

第 5 章

# 利率與美國的金融霸權

# 20 決定全球利率的美國聯準會

　　2022年2月美國基準利率雖然是0.25％，2023年6月已經上升到5.25％。短短1年之間，利率上升了5個百分點。如果分別用這兩個利率計算，借款1億韓元的人，1年前的年利息是25萬韓元，1年後變成525萬韓元，等於要還的利息增加了20倍。隨著美國猛烈升息，曾經維持「零利率」的歐元區，同一時間政策基準利率也從0％上升到4％，韓國的基準利率則從0.5％上升到3.5％，世界各國都著急地跟著一起升息。這個過程宛如對有貸款的人丟出「利息炸彈」，房地產、股市、虛擬貨幣等各種投資的資產價值全部大幅下跌。簡單來說，全球經濟都受美國的升息風暴所打擊。

　　從2022年起到2023年為止，全球金融市場發生的現象都清楚顯示，全世界的利率幾乎都由美國決定。利率的決定要考慮本國的景氣、物價、匯率等多種經濟變數，但是這個邏輯只有對美國、或跟美國有類似國際地位的國家才算數。對與美國國際地位不同、情況不同的國家而言，除了本國的經濟變化之外，美國的利率政策也是影響自己決定利率

的重要變數。換句話說，美國如果實施考慮經濟與政治發展的貨幣政策，其他國家必須先看美國採取何種政策，才能決定自己的貨幣政策方向。重要的是，美國的利率政策方向是對美國自己有利，而不是考量歐洲、亞洲等其他國家的經濟情況來決定升息或降息。其他國家只能看「美國的、根據美國、為美國好的利率調整」來決定利率，因此我們應該知道美國決定利率的標準。

## 超低利率是相對近期的現象

首先回顧美國以往的基準利率。根據韓國銀行的資料顯示，從1959年至2023年，這段期間美國平均的基準利率是年利率4.8％。對照2023年6月美國的基準利率是年利率5.25％，目前美國的利率水準是在過去60年的平均之上。但是從歷史資料來看，美國5.25％的基準利率還不算高。美國基準利率最高是在1980年12月，年利率達到22％，現在大約只有當時的五分之一；最低則是在2008年12月至2015年11月，這段期間的基準利率是0.25％。新冠肺炎疫情席捲全球的2020年3月至2022年2月，美國也是維持基準利率0.25％。從2009年1月至2023年2月，最近這14年之間，美國的基準利率平均是0.79％。

## 美國基準利率的變動

由於美國在最近13年都維持著幾乎0％的利率，大家逐漸習慣「利

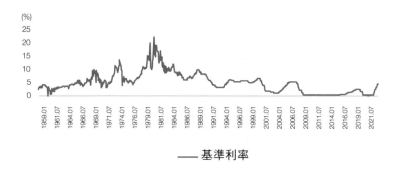

〔 美國歷年基準利率的變化 〕

—— 基準利率

資料來源：韓國銀行

率不到1%」，因此美國大動作將利率調升到5.25％，讓大家非常驚訝。
對習慣於過著幾乎零利率生活的人，5.25％是非常高的水準。不過在第
二次世界大戰後，根據美國的資本主義歷史來看，利率接近0％反而是
例外。這就是為何過去60年的美國平均利率會落在年利率4.8％。

　　這麼說來，先前美國的利率曾經有過什麼變化？1960年代初期，物
價不高、失業率也不高，美國的基準利率維持在低水準。後來美國投入
越戰，資金需求大增，大量發行貨幣造成物價上漲，1960年代後期，基
準利率上升到9％。面對物價上升，美國用提高基準利率來抑制物價，
這個方法不論是當時或現在都一樣。當時包含美國在內的各個國家，依
照第二次世界大戰之後簽訂的布列敦森林體系（Bretton Woods System），

實施金本位制度（gold standard）。布列敦森林體系確立美元是國際儲備貨幣的地位，並將1盎司黃金與35美元掛鉤。在這個制度下，任何國家只要拿出美元，美國就必須以1盎司黃金兌35美元的比率進行交換。這個時候，美國無法隨意透過增減貨幣發行量影響世界經濟，金本位制度曾經扮演限制美國任意推行貨幣政策的角色。

1970年代，因為美元成為國際儲備貨幣，美國獲取了金融霸權。1960年代美國為了取得越戰資金，發行了過多美元，造成無法繼續用美元兌換黃金。1971年美國總統尼克森（Richard Nixon）宣布停止美元與黃金交換，讓美元與黃金脫鉤，結束了金本位制度。尼克森衝擊（Nixon Shock）讓各國對美元的信心降低，當時美國處於物價上漲率超過10％的大通膨（great inflation），美元體制出現動搖。

為了穩定美元價值，美國打出「油元」（petrodollar）牌。1974年美國國務卿季辛吉（Henry Kissinger）出訪沙烏地阿拉伯，兩國簽署貿易協定，沙烏地阿拉伯承諾，未來輸出石油只接受美元交易，美國則保證沙烏地阿拉伯的國家安全。因此，美元雖然沒有黃金可以當作靠山，依然能維持國際儲備貨幣的地位。從此之後，美元享有與其他國家貨幣不同的特殊地位，當美國實行貨幣政策增減美元發行量，全球經濟就跟著波動，世界各國當然也因此受美國政策很大的影響。

## 擺脫停滯性通貨膨脹與利率上升

1970年代，美國陷入物價上漲與失業率同時增加的「停滯性通貨膨

脹」，當時的聯準會主席保羅・沃爾克下猛藥打擊通貨膨脹，1980年基準利率上升到年利率22％，終於成功穩定物價。因為若無法讓高達年平均15％的通膨率下降，美國經濟就無法維持穩定。1970年代發生兩次國際油價暴漲的石油危機，加上美國攻擊性的升息，全球經濟陷入不景氣，但是美國經濟卻因此得以保持穩定，從1990年代開始維持著低物價與低失業率。這時美國的利率大約維持在5％上下。

2008年美國爆發次級房貸風暴，金融機構以低利率浮濫放款的後遺症浮現，股市也開始泡沫化。由於金融機構資金短缺，美國五大投資銀行之中的雷曼兄弟控股公司（Lehman Brothers Holdings）因此宣布倒閉，造成危機迅速擴散，美國的金融系統陷入癱瘓。事件發生之後，美國的基準利率破天荒降到0.25％，並且實施量化寬鬆政策，大量在市場灑出貨幣，這才度過金融危機。之後，美國的零利率政策一直持續到2015年，全世界的利率也維持在很低的水準。因為美國已經調降利率，歐洲、日本、亞洲等其他國家就沒必要將利率維持在高水準。

2015年之後，美國為了克服零利率政策的負面效果，開始逐漸調升利率，世界各國也跟著升息。但是2020年爆發的新冠肺炎疫情癱瘓經濟，美國再次使出零利率手段，希望藉由降低利率刺激消費與投資，利用政府提供的補助金保護美國人民。其他國家同樣為了克服疫情帶來的衝擊，追隨美國採取零利率政策，但是疫情逐漸趨緩後，大量放出貨幣的反效果開始顯現。市場上因為有太多貨幣而發生通貨膨脹，美國的物價上漲率超過9％。隨著通貨膨脹的惡夢出現，美國非常積極地調升利率，在短短1年之內，利率上升了5個百分點。攻擊性的緊縮政策讓全球的企業、個人與國家紛紛繃緊神經，為了追隨美國的腳步辛苦不已。

# 21 聯準會的「兩個目標」

　　如果想了解第二次世界大戰後的利率變化，必須先懂美國聯準會的利率政策。由於美國聯邦準備制度（Fed，Federal Reserve System）與聯邦公開市場委員會（FOMC，Federal Open Market Committee）希望一石二鳥，同時達到穩定物價與充分就業的目的，因此美國聯準會跟其他國家的中央銀行不同，把失業率、就業增加率、失業保險申請件數、工資上漲率等多項就業指標也納入調整利率的參考。因為就業指標與消費有直接關係，也可以當作評估景氣的重要依據。

　　韓國與美國不同，韓國銀行將穩定物價作為核心目標，就業穩定只是附帶考量。《韓國銀行法》（Bank of Korea Act）第1條第1項提到，藉由制訂與執行有效的貨幣及信用政策，確保物價穩定，增進國民經濟健全發展。第1條第2項提到，執行貨幣及信用政策時，必須注意金融穩定。這兩個條文明確規範韓國銀行的政策目的。[9]《韓國銀行法》之

---

⑨ 編按：台灣亦然，根據我國《中央銀行法》第2條，中央銀行的經營目標為：（1）促進金融穩定；（2）健全銀行業務；（3）維護對內及對外幣值之穩定；（4）於上列目標範圍內，協助經濟之發展。一般而言，所謂對內幣值的穩定是指國內物價穩定，而對外幣值的穩定則是指新台幣匯率的動態穩定，以維持新台幣對內及對外的購買力。

中，有關金融穩定的條項是2016年3月國會修法時才追加的。

全世界大約有40多個主要國家的中央銀行，貨幣政策採取「通貨膨脹目標機制」（inflation targeting）。這些國家大多利用消費者物價指數（CPI，consumer price index），把通膨目標訂在2％。美國聯準會的目標值是2％，韓國銀行、日本、英國、澳洲等主要國家亦同。1990年紐西蘭最先實施通貨膨脹目標機制，韓國從1998年開始實施，不公布貨幣供給量或匯率等中間目標，只優先公布物價目標。

通貨膨脹目標機制的優點是有明確數值，使政策目標明確，容易與民眾溝通。至於目標訂在2％的原因，如果訂在0％，最後結果有可能變成負值，一不小心就會變成通貨緊縮（deflation）。假如物價持續下跌，消費與投資減少，極可能形成物價再次下跌的惡性循環，導致經濟失去活力。日本長達30年的長期經濟不景氣就是最好的例子。讓物價維持微幅上升，經濟成長率上升的時候，通常較能保持經濟活力，讓市場上的經濟主體有正面、積極的心態。

從美國決定利率時的主要經濟指標來看，大約能預測利率的變動方向。最主要的指標當然是消費者物價指數，再來是不包括能源、季節性食品，只以商品及服務價格計算的個人消費支出物價指數（PCE Index，personal consumption expenditure price index）作為參考。因為油價的波動幅度大，蔬菜等生鮮食品只要遭逢乾旱或梅雨就會無法收成，容易受季節因素影響，因此排除不列入計算。

物價上漲會帶動工資上漲，使企業的營運成本增加，反映在產品價格上，再次造成物價上漲，這就是「工資推動物價上漲」（wage push spiral），是景氣過熱讓物價與工資同時上升造成的結果。雖然大家最期待的情況是企業增加人員雇用，物價也維持在目標水準以內變動，但是這在理論或現實都很難做到。

美國跟其他國家不同，在決定利率時非常重視就業指標，其中又以失業率指標最為關鍵。就業是影響個人經濟生活最大的因素，個人又是經濟活動之中，占最大比例的消費主體，因此美國《聯邦準備法》（Federal Reserve Act）把充分就業明文規定成目標，作為決定利率時必須考慮的景氣條件。

決定利率時，除了失業率之外，也不能排除近幾個月的經濟情況與成長預估值等全面性的變化。服務業、製造業、建築業等民間部門的非農業領域就業人數有多少，是增加還是減少也需要考慮。此外，參考每個月統計的新增失業救濟申請人數、每小時平均工資上漲率等，也都能評估就業市場的情況。求職人數與徵才數目的比例，有助於掌握就業市場的發展趨勢。

假如物價維持在高水準，就業市場卻出現衰退，這時就無法輕易調升利率。相反地，如果物價維持在低水準，就業指標亮綠燈，阻礙升息的因素就會減少。

# 22 用利率與市場拔河

　　美國聯準會雖然用利率操縱全球市場，但也不是每次都能稱心如意。市場有屬於自己的邏輯及應變方法，就算是看相同的經濟指標，與美國聯準會的解讀也會有所不同，這個時候市場就會與聯準會拔河，考驗聯準會的能耐。聯準會看經濟指標多半採取長期觀點，市場則傾向短期觀點，並且帶有預期。

　　市場參與者看到政府公布的經濟指標、金融指標，自然會對短期有所反應。在證券市場裡，股票或債券的交易都是依照當下的判斷進行。雖然有1年期以上的中長期基金或資產管理師的長期投資，市場價格都是即時反映經濟指標，各種期貨選擇權（futures option）等衍生性商品市場主要也是短期交易。因此不管市場利率上升或下降，只要利率一確定，大家立刻就會聚焦。此外，投資人通常也會提前有所反應，尤其在股票市場，在利多或利空消息發布之前，投資人大多已經「預先反應」（priced in）。投資人會依照過去的經驗，在資料發布之前或消息傳開之前，事先做出投資決策。

　　聯準會身為美國的中央銀行，對經濟政策作全面性的評估，也以中長期觀點進行決策。雖然利用調控利率達成目標物價是美國聯準會的政

策核心，聯準會也很重視物價變化的過程，並非只固守2%這個數字。例如：聯準會不會因為物價指數落在2.5%就宣布降息。在利用各種指標確定物價處於穩定之前，不會貿然改變政策方向。因為反反覆覆的政策只會造成市場有更多不確定性，對所有經濟主體造成負擔。

如果原本在8%至9%之間起伏的物價降低到2%，市場參與者可能會觀望聯準會的利率政策，或者評估經濟條件之後預期利率下降。但是聯準會有可能不依照市場預期而「堅持立場」。1970年代聯準會曾因為走走停停的政策（Stop and Go）招致罵名，後來在透過物價等經濟指標確定完全「鎮壓」通貨膨脹前，會一直維持著高利率政策。走走停停政策是指美國在1970年代「大通膨」時期的政策，聯準會只要遇到物價上升就實施緊縮政策，緊縮之後出現景氣衰退、失業率增加，就再次實施寬鬆政策，如此反覆的作法有如將貨幣政策輪流放進冷鍋與熱鍋，造成市場上通貨膨脹與預期通貨膨脹相互作用，產生物價更高的惡性循環。

不過，美國聯準會的判斷也不是次次都正確，近期可用2021年上半的美國聯準會判斷通貨膨脹為例。2021年上半先進國家與新興國家雖然面臨通膨加劇的壓力，聯準會認為起因是新冠肺炎疫情造成全球供應鏈瓶頸，以及報復性消費引起的暫時性物價上漲。2021年7月IMF發表的〈世界經濟展望〉（WEO）報告也認為，全球面臨的通貨膨脹壓力，只是暫時性的供需失衡所致，建議各國中央銀行在確定問題的根本原因之前，不要採取通貨緊縮政策。或許是聯準會與IMF都位在美國華盛頓特區，密切溝通世界經濟展望與政策方向，兩者的立場十分接近。但是2021年6月美國密西根大學（University of Michigan）發表的未來1年預期

通膨率已有4.2％，比目標物價2％的2倍還高。密西根大學利用消費者預估的未來1年內商品與服務價格變動率，對預期通膨率進行統計，每2週發表新的預估值與修正數字。2021年6月之後，每個月的預期通膨率持續增加，市場上開始有聲音，認為聯準會應該在2021年下半緊縮貨幣，結果一語成讖。2022年3月美國聯準會將基準利率從0.25％調升到0.50％，開始升息的第一步。緊接著5月再次升息2碼（0.5個百分點），6月更是升息3碼（0.75個百分點），持續邁開升息腳步。但是通貨膨脹並未因此受到控制，之後又發生矽谷銀行破產等事件，金融市場充斥不安。

　　2023年初聯準會決定與市場一決勝負。在一連兩天的聯邦公開市場委員會（FOMC）會議之後，2月1日主席鮑爾宣布升息1碼（0.25個百分點）。鮑爾表示，雖然已經開始通貨緊縮（物價下跌），現在還是必須維持升息，不急著停止升息；通貨緊縮只是初期階段，很幸運沒有波及勞動市場；在決定升息幅度的時候，都會進行全盤考量，包括累積的通貨緊縮、貨幣政策影響經濟活動與通膨的時間落差、經濟活動與金融活動等。

　　鮑爾雖然用「鷹派」作風詳細說明利率政策的方向，市場參與者的想法卻並非如此。2023年1月聯準會宣布升息1碼之前，市場原先預估升息的速度會減慢，或者在2023年上半年度結束升息。鮑爾雖然展現出2023年絕對不會降息的強硬立場，市場上卻不太接受，反而解讀成鮑爾是在預告即將採取相對寬鬆的貨幣政策。

　　在那一陣子，有部分國際投資銀行發表轉向（pivoting）報告，預測

聯準會在2023年就會結束升息，最快下半年度，最遲年底，利率就會開始下降，做出完全不同於2022年底綜合市場意見，預估2023年無法避免經濟衰退，股票市場會持續疲軟的解讀。後來還不到1個月，2023年1月紐約股市、韓國股市等全球主要證券市場都出現超過10％的成長，延續「新年開紅盤」的行情。對經濟成長率或政策利率的看法，聯準會與市場的意見大致一致，但最終利率水準到底會在哪裡、會維持多久，聯準會與市場見解就有不算短的時間落差。股票市場的上漲氣勢，後來在美國發表物價與就業指標之後再度降溫。

2023年2月初美國發表的就業指標之中，失業率降到3.4％，是1969年以來最低水準，經濟活動參與率高達62.2％，高於各界預估，顯示美國景氣好轉，非農業部門的就業人數也大幅增加。同年2月中旬發表的美國1月消費者物價指數與核心消費者物價指數（Core CPI，core consumer price index）與上個月相比，上升幅度減少，但是依然高於市場預估數值，潑了市場一桶冷水。這些指標增加了聯準會延長升息時間的可能性。

聯準會與市場角力的情況未來還是會定期發生。因為雙方雖然關注相同的經濟指標，但是對指標的解讀觀點不同。每年只要到3月、6月、9月發表經濟展望的時候，根據物價與就業指標的政策方向就會出現不同意見。市場認為雖然物價目標是2％，高利率政策不一定要維持到物價低於2％為止，只要降到接近2％，就可以考慮依照景氣，改採比較柔性的對策。聯邦公開市場委員會召開會議前，會與市場展開精神上的角力，當會議結果出爐之後，又要準備進行下一次預估，反覆與市場拔河。

# 23 破壞市場規則的美國

　　2008年爆發全球金融海嘯時，美國首度出現前所未有的0％利率。光是零利率還不夠，美國除了量化寬鬆之外，還動員了所有可以增加流動性的手段。當時的聯準會主席柏南克用「直升機撒錢」（helicopter money）一詞來形容，彷彿為了抵擋突如其來的危機所造成的經濟不景氣，必須用直升機從空中撒下貨幣才能有效抵禦。從貨幣政策面來看，大撒幣確實有可能開啟新局面。

　　美國實施減少買入債券的措施 —— 減少量化寬鬆的縮減購債（tapering）過程，許多新興國家經歷了縮減購債恐慌（taper tantrum）。減縮購債有「逐漸、慢慢地」的意思，指漸進地回收量化寬鬆所釋放出的貨幣，利用減少買入債券的規模進行。但是，柏南克一宣布要減縮購債，實際上根本還沒開始動作，新興國家的金融市場就開始失序，資產價格暴跌，發生極大的混亂，這個現象稱為減縮購債恐慌或削減恐慌。美國雖然以自己為中心決定貨幣政策，影響力遍及全世界又再一次獲得印證。

　　由握有全球金融霸權的美國引爆金融海嘯，就美國的立場而言，無疑是種「國際恥辱」。當時美國的金融機構，讓信用評等低的人以房屋

作為擔保，提供次級貸款，再把這些貸款分割、組合，包裝成不動產抵押貸款證券（MBS，mortgage backed securities），取得高信用評價之後對外銷售，但在房地產市場泡沫化之後，引發一連串的倒閉、破產。2008年至2011年美國有超過700萬棟住宅遭到扣押，光是2010年，被扣押的住宅就有290萬棟。2011年3月美國的失業率達到8.8％，雷曼兄弟破產、美林證券（Merrill Lynch）與貝爾斯登公司（Bear Stearns）等代表美國的華爾街投資銀行被購併，由美國開始的全球海嘯無法在美國當地結束，讓全世界變得一團混亂。

2008年1月美國的基準利率是3.0％，同年12月聯準會一口氣將利率降到0.25％，由金融危機開啟的零利率時代，從那時起一直持續到2015年。因為光靠零利率對抗危機的效果有限，美國也啟動量化寬鬆政策。面對經濟大蕭條，柏南克採取大規模量化寬鬆作為新的金融對策，終於成功拯救美國的美元霸權。許多研究指出，以往在大蕭條時期，緊縮貨幣會造成銀行破產，商品經濟也會崩潰。柏南克讓財務結構不良的銀行、證券公司、保險公司與健全的金融機構合併，或者投入公共基金（public fund），讓金融得以恢復常軌。

這段期間，美國聯準會分三次增加流動性。第一次量化寬鬆（2008年11月至2010年3月）買入長期國債3,000億美元與不動產抵押貸款證券1兆2,500億美元；第二次量化寬鬆（2010年11月）宣布發行6,000億美元貨幣，買入長期國債；第三次量化寬鬆（2012年9月至2014年10月）追加買入長期國債7,900億美元與不動產抵押貸款證券8,230億美元。此外，聯準會維持低利率引導美國企業投資，減少利息負擔、刺激消費，

並且使美元貶值，以提高美國企業對外貿易的競爭力，同時多管齊下。

## 量化寬鬆與大蕭條

　　量化寬鬆是基於政策利率從多種途徑影響市場的效果有限，因而採取的政策。中央銀行如果買入國債，銀行就能取得資金，進而增加放款業務，也能有刺激企業投資的效果，不過卻會使市場扭曲，面臨物價上漲的壓力。柏南克在2013年5月認為經濟條件某種程度已經穩定，出現擺脫蕭條的徵兆，隨即宣布減少資產買入規模。減少量化寬鬆與量化緊縮（QT，quantitative tightening）的政策就是縮減購債。因為持續維持量化寬鬆讓低利率變成長期現象的話，資產市場有可能泡沫化，必須採取應對政策。

　　縮減購債的過程讓新興國家金融秩序再次陷入不安。因為美國在量化寬鬆時放出過多美元，美元進入新興國家，隨著美國實施量化緊縮，這些錢極有可能回流美國，會在新興國家造成資金不足的問題。當時印度中央銀行總裁拉詹（Raghuram Rajan）指責美國單方面採取政策，破壞國際貨幣政策互助，而且忽視新興國家遭遇的風險，可能引發另一個金融危機。但是美國認為，新興國家沒有努力解決本身金融市場過熱的問題，也沒有管理經常性收支的健全程度與物價，一切都是自食惡果，駁斥拉詹的指責，將不正常的情況合理化。

　　然而，美國在量化寬鬆時期釋放出的流動性進入新興國家，確實在新興國家發生資產泡沫化。而且就在美國宣布要縮減量化寬鬆之後，新

興國家在全球市場的匯率突然大幅上升，資產價格暴跌，總體經濟遭受打擊。美國的所有決策都是由自己的立場出發，在制訂貨幣政策時，也總是把美國的經濟發展視為優先，這一點不管在任何時候都沒有改變。1970年代初期，美國財政部長約翰‧康納利（John Connally）曾說：「美元是我們的貨幣，卻是你們的問題。」明白表示，不管是美元的發行量或利率，都是依照美國的情況決定，其他國家「你們自己看著辦」。雖然這件事情不是第一天知道，再次看見依然可以體會無情的現實。

金融海嘯發生之後，2008年9月美國政府對美國國際集團（AIG，American International Group）等保險公司、通用汽車（GM，General Motors）、福特汽車（Ford Motor）、克萊斯勒（Chrysler）等三大企業提供金融援助。美國政府對汽車業者也投入公共基金，除了因為汽車產業是象徵美國的製造業，主要原因還是汽車產業發生大規模裁員的可能性增加，對經濟會有更大衝擊。此外，高強度的個人財務、企業結構調整與去槓桿化（deleverage）的減債也在同時進行。

美國因應全球金融海嘯的對策，跟面對亞洲金融風暴的解決方法完全不同。亞洲金融風暴讓韓國及許多亞洲國家有過錐心之痛，韓國曾經實施高於20％的超高利率緊縮政策，全國上下所有民眾都勒緊褲腰帶。後來的20多年，韓國幾乎沒再出現過兩位數的利率。1998年超過20％的利率與接近1美元兌2,000韓元的超高匯率，都是猛烈的金融緊縮、脆弱的經濟基礎及信用降級的結果。也有人懷疑IMF提出的金融與企業結構調整計畫，是美國利用國際組織「駕馭」韓國及亞洲國家的手法。美國一方面有財政部與聯準會可以因應金融海嘯，一方面又可以動用國際金

融組織處理亞洲的金融危機，著實展現金融霸權的運作。如果拿1998年美國處理亞洲金融風暴的措施相比，2008年美國觸發全球金融海嘯，柏南克採取「直升機撒錢」政策，美國看待這兩件金融危機就本是有雙重標準。

# 24 美國的政治與利率

　　美國決定利率時，表現出來的是「America First」──美國優先。美國依照《聯邦準備法》將物價穩定、金融穩定，以及與其他國家不同的充分就業明確訂為目標。難道美國真的只評估經濟面就決定利率？國際政治、外交、國與國之間的競爭格局、陣營等，美國都不考慮？

　　美國不論面對變局或危機的瞬間，任何時候都只依據對美國經濟有幫助的方向決定升息或降息。美國不在意友邦或新興國家是不是金融動盪、遭遇危機，必要的話，不惜動員任何手段，都要拯救自己的經濟。就像先前美國沒有知會其他國家，單方面宣布結束金本位制度；全球金融風暴時，負利率（negative interest rate）的政策還不夠，連量化寬鬆都一起出動。這都讓美國的經濟更強大，以美元作為國際儲備貨幣的金融霸權更加鞏固。面對任何挑戰美元體制的人，美國都以強烈手段回擊，沒有一絲寬容。即便只是些微的挑釁，只要可能帶給美元體制負面影響，美國可能在初期就連根拔起。

# 把升息當作武器

　　美國聯邦公開市場委員會（FOMC）如何進行討論，可以從定期公開的會議紀錄略見端倪。當協調利率的會議達成共識，聯準會主席就會召開記者會，發表會議結果，並且與各界溝通。但是光從正式會議的發言，還是無法了解全貌。

　　美國的金融界從華爾街到銀行界、財政部與聯準會、學界又回到華爾街，就像一道旋轉門。許多金融界高層曾經待過聯準會、華爾街或銀行界，在這個圈子裡轉換跑道，柏南克、葉倫（Janet Yellen）、提摩西・蓋特納（Timothy Geithner）等人就是代表。從這些人的經歷與活動來看，可以推測聯準會的決策邏輯，推測聯準會的決策如何反映美國的國家利益。

　　有學者主張，美國從2022年開始攻擊性升息，目的是為了壓制中國，這個論點來自於「經濟謀略」（economic statecraft）。因為中國持有大規模的美國國債，美國利用升息讓中國遭遇龐大損失。雖然中國持續減少美國國債的持有量，目前規模仍然偏高。截至2023年1月底，中國的外匯存底是3兆1,845億美元，其中有8,594億美元是美國國債，黃金有6,512萬盎司，價值約為1,200億美元。中國一方面減少持有美國國債，一方面增加黃金比例。2022年5月，中國持有的美國國債規模是最近12年來首次低於1兆美元，之後仍持續減少。中國官方媒體《中國日報》報導，美國聯準會採取高強度的通貨緊縮政策，導致美國國債價格下跌，提高金融脆弱度，也降低了美元資產的吸引力。由於中國管控言

論自由，官方媒體的報導內容可看成是中國的立場。中國如果在市場上出售美國國債，美元的流動性增加，會產生通貨膨脹的壓力，這篇報導似乎有意削弱美元的地位。

美國攻擊性地升息，造成美國國債價格暴跌。美國國債是需求最多且全球風險最低的安全資產，新興國家的外匯存底之中，有很高的比例是美國國債。因此除了中國之外，新興國家也因為美國升息遭受龐大損失。

習近平進入第三個5年任期，中國政策主打「共同富裕」，宣布2023年經濟成長率目標為5％，加強振興經濟。中國有意透過基準利率與存款準備率這兩項政策手段，刺激景氣並提且高經濟成長，美國的升息成為絆腳石。就算中國堅定路線實施自己的利率政策，也無法不顧慮美國的貨幣政策。因為美國在全球金融市場握有壓倒性的主導權，中國對此也無可奈何。美國在金融市場的霸權不輸科技與貿易戰爭，把中國推向困境。

中國在美國前總統川普提高關稅設限之後，為了抵擋美國的攻勢，研擬各種方案，最後採取提振內需，以出口與內需作為兩大主軸的「雙循環」經濟政策。在網路平台科技巨擘方面，中國以BATH（百度、阿里巴巴、騰訊、華為）對抗美國的FAANG（Facebook、亞馬遜、蘋果、Netflix、Google）。中國從政府與公共部門對研發電動車、無人機等積極支持，意圖成為世界第一，並且推動數位人民幣與跨境支付系統（CIPS，cross-border inter-bank payments system）等，這些都是對美元霸權的挑戰。既然無法讓人民幣成為國際貨幣，不如在數位世界裡提高人民

幣的地位，先占市場成為中國的野心策略。但是在全球金融市場裡，中國還只是處於起步階段。

2012年9月世界知識論壇（World Knowledge Forum）在首爾舉行，出席的美國前財政部長勞倫斯·薩默斯（Lawrence Summers）表示，人民幣要成為國際儲備貨幣，還需要一段很長的時間；世界上從來沒有生活水準不高的國家，貨幣能成為國際儲備貨幣。薩默斯認為，雖然中國已經成為兩強之一，人民幣還是無法成為國際儲備貨幣。

薩默斯的這番話被解讀為，除了中國本身就存在限制，美國也有各種牽制手段。2023年4月薩默斯接受彭博新聞社（Bloomberg）專訪時，對人民幣是否能成為國際儲備貨幣的提問，依然給予「不可能」的回答。

美國的經濟學者與政府官員都非常清楚美元霸權的威力，也很懂得運用。美國現在依然維持著全世界的經濟秩序，美元霸權也依然影響金融市場，如果出現任何對美元霸權的挑戰，美國會不顧一切阻擋。因此，人民幣的挑戰還有漫長艱辛的路要走，美元與人民幣的對決是一場看不到終點的長期抗戰。

## 美國的貨幣政策與國際政治

美國對俄羅斯的金融制裁在2022年俄羅斯併吞克里米亞半島之後啟動。俄羅斯侵略烏克蘭時，俄羅斯的民間銀行也被逐出環球銀行金融電信協會（SWIFT，Society for Worldwide Interbank Financial Telecommunication）清算系統。無獨有偶，中國、印度、俄羅斯都是外匯存底雄厚的

國家，這幾個國家雖然經濟規模很大，過去為了因應美國的經濟、金融制裁，刻意累積外匯存底，幾乎都跟美國是對立的關係，或逐漸形成對立。

　　美國因為開採頁岩氣（shale gas）成為全球最大產油國後，對中東的重視程度不如以往，與曾經是盟友的沙烏地阿拉伯關係也逐漸冷淡。重視人權的美國總統拜登（Joe Biden）2022年曾與沙烏地阿拉伯王儲沙爾曼（Mohammed bin Salman）會面，兩國關係也未見修好。反觀2023年3月，在中國的斡旋之下，一直處於對立的遜尼派穆斯林（沙烏地阿拉伯）與什葉派穆斯林（伊朗）在北京握手言和。沙烏地阿拉伯的外匯存底也有許多美國國債，身為石油輸出國組織（OPEC，Organization of the Petroleum Exporting Countries）領袖，持續推動減少對石油依賴。在紐約證券交易所（NYSE，New York Stock Exchange）上市的沙烏地阿拉伯石油公司（Aramco）2023年6月市值僅次於蘋果（Apple）、微軟（Microsoft），排名第三。

　　美國不是只有現在才對世界經濟有影響力，之前也影響很多國家。1980年代日本夢想成為世界第一大國，1985年9月美國促成簽署《廣場協議》（Plaza Accord），後來日本因為連續幾次國內政策失敗與操作不當，經濟無法恢復往日活力，從「失落的10年」變成「失落的30年」，陷入長期經濟衰退。當時美國想利用日圓升值、美元貶值換取國際競爭力，日本掉入這個陷阱。在這之前，1971年8月美國總統尼克森發布緊急命令，突然停止金本位制度的「尼克森衝擊」，也對歐洲造成重傷。我們可以推測，美國有意把歐洲國家納入新秩序。

## 美國的各種金融武器

　　美國除了利率之外，還擁有很多種金融武器。穆迪公司、標準普爾（S&P）等國際信用評估公司可以動搖一國的信用，Visa信用卡與Master信用卡也二分全世界的信用卡支付市場。設立在美國的國際銀行與華爾街金融投資機構，密切配合著制訂金融政策的主管機關，甚至連扮演歐洲領袖的IMF、美國主導的世界銀行（World Bank）、國際防止洗錢組織（FATA，Financial Action Task Force on Money Laundering）等，美國在這些國際金融組織握有主導權也是眾人皆知。這些信用評估公司、全球信用卡公司與國際金融組織隨時準備向美國靠攏，一起拔劍應戰。只要方向確定、目標明確，許多美國的幫手都在台面下無聲布局。

　　這些機構主打「國際標準」（global standard）。以前不管是哪個國家，都選擇屈服而不願意對抗，現在由中國帶頭反抗，俄羅斯、印度、沙烏地阿拉伯也開始提高聲量，美國沒辦法再那麼隨心所欲控制世界經濟。但是美國在金融領域依然有著壓倒性的力量，利率像是有神奇力量的魔杖，也是貫穿世界經濟最有威力的武器。如果看現在的世界經濟局勢，美國動用這支魔杖的可能性愈來愈高。從世界經濟的大方向來看，未來10年至30年內，經濟發展可能進入前所未有的新局面。美國是現任強權，中國是挑戰者，兩者的戰爭只會愈演愈烈，未來全球金融市場可能被捲入美國與中國的競爭。

　　目前為止，我們尚且無法確知美國聯準會是否以美國優先主義決定利率，或者考慮了更多其他因素，只能先保留判斷。但是有一點可以確

定，未來利率的決定不能只考慮經濟變數，必須連國際政治與外交關係也同時納入考量。因此市場參與者與經濟主體必須彙整各種因素來進行判斷，才能有精準的決策。不能認為經濟就是經濟、政治就是政治、外交就是外交，因為我們處在一個所有關係錯綜複雜且交互影響的時代。

# 25 美國是否開啟高利率時代

　　未來美國的基準利率會有什麼走向？疫情引發的通貨膨脹遲遲無法弭平，不確定性愈來愈高，美國的貨幣政策正面對新的考驗。如果綜合全球總體經濟環境與經濟的外在條件，美國應該會繼續主導高利率政策。高成本結構引起物價上漲，而且逐漸根深柢固，預估美國聯準會應該不會輕易降息。除此之外，動盪的國際局勢也對貨幣政策造成壓力。

## 美國面臨結構性成本上升

　　美國正面臨著結構性成本上升問題。因應全球供應鏈重組，美國推動製造業回流（reshoring）、友岸外包（friendshoring）等產業政策，增加了企業的製造成本。製造業回流雖然能讓美國的企業回歸本土，為製造業奠定基礎，但是目前美國的失業率已經在充分就業水準，工資上漲也維持穩定，加上美國拒絕外國移民，對核發外國人的工作簽證採取嚴苛標準，都會讓製造業增加成本。在考慮美國國內的政治、社會氣氛時，不管是共和黨或民主黨，美國優先的意識都非常強烈。

　　國際貿易與國際分工是各國以自身有利的領域為主，進行生產及

出口，相互獲得利益。長期以來，來自中國的便宜消費財（consumer goods）為美國人帶來生活上的便利，同時也扮演抑制物價上漲的重要角色。以世界貿易組織（WTO，World Trade Organization）為代表的市場經濟及自由貿易，持續增進國際貿易，讓先進國家、新興國家、全球經濟得以漸進發展。但是現在，美國做了不同選擇。美中競爭逐漸擴大到各個領域，美國持續提高政策力道，毫不掩飾地圍堵中國。美國的晶片四方聯盟（Chip 4 Alliance，美國、韓國、日本、台灣的半導體同盟）、澳英美三方安全夥伴關係（AUKUS，澳洲、英國、美國）、印度—太平洋經濟框架（IPEF，Indo-Pacific Economic Framework）等，都是美國透過結合陣營來圍堵中國。

中國打著自由貿易的旗幟，批評美國採取貿易保護主義，同時拉攏中東、非洲、中南美國家建立陣營，欲突破美國的圍堵策略。習近平加強與中亞、東協國家建立合作關係，和非洲、太平洋島國舉行高峰會議，也出訪沙烏地阿拉伯，宣布合作推動大規模計畫，展現前所未有的親和力。沙烏地阿拉伯有著中東盟主的地位，曾是美國利用油元在阿拉伯世界結交最重要的友邦，如今卻在中國斡旋之下，與宿敵伊朗握手言和，並與中國維持友好關係。2023年3月習近平也出訪俄羅斯與總統普丁（Vladimir Putin）會面，顯然中國希望拉攏俄羅斯、印度、巴西、南非等國，讓人民幣在金磚國家（BRICS）成為國際貨幣。此外，中國也主導成立上海合作組織（SOC，Shanghai Cooperation Organization）、亞洲基礎設施投資銀行（AIIB，Asian Infrastructure Invest-ment Bank）、新開發銀行（NDB，New Development Bank）等國際金融組織。

在供應鏈重組的過程，究竟會是去全球化（deglobalization）與分裂（fragmentation）的速度加快，還是進入緩和狀態，目前仍然不得而知。將來是否會因為去全球化與分裂，讓國際成本上升的結構成為定局，又或者某種程度能有所改善，大概可以做出預測。目前看來，美中競爭很可能會演變成長期態勢，不過中國與美國的經濟關係又相當密切，如果雙方極端對立，恐怕會造成龐大損失，因此雙方也有可能朝「修補」對立的方向發展。

## 美國利率政策的觀戰焦點

從短期來看，烏俄戰爭與中國的重啟政策，對美國決定利率有很大影響。俄羅斯與烏克蘭在全球農產品出口市場占相當大的比例，兩國爆發戰爭造成石油與天然氣等能源、原物料、農產品價格大幅上漲。目前戰事膠著，極可能會持續一段時間。烏克蘭可能在俄羅斯的攻勢之下，由其他歐洲國家斡旋，與俄羅斯進行協商，也有可能在美國或歐盟等北大西洋公約組織（NATO，North Atlantic Treaty Organization）的全面支援下戰勝俄羅斯。烏俄戰爭讓美國、歐盟、日本等國成為同一陣營，俄羅斯與中國密切接觸而陷入國際紛爭。

中國的重啟政策是一把「雙面刃」。中國在世界經濟原本就占有不少比例，如果中國的企業積極進行生產與投資、內需市場消費熱絡，將成為帶動全球經濟成長的正面因素。但是中國的經濟發展也會推動油價等國際能源價格上漲，礦物等原物料、食品需求增加，可能引發通貨膨

脹。當能源與原物料價格上漲，從中國出口到美國的產品價格提高，就會造成美國的消費者物價指數上升，成為美國必須平穩物價的因素。

美國有多項經濟指標不是那麼容易穩定，如果綜合中長期因素與短期變數，美國極可能將基準利率維持在4％至5％相當長一段時間。簡單來說，美國已經進入高利率時代。進入高利率時代以後，要讓各方面的條件達到可以降低利率，得花上一段非常長的時間。這中間可能有突發的經濟、政治事件，金融市場或企業也可能發生嚴重問題，情況還是可能生變。如果美國的中小規模銀行又出現倒閉或財務結構不健全，國際金融市場風險提高，美國的利率方向就有可能改變。萬一美國採取與目前為止不同的利率政策，絕對可能引發其他問題。

2023年至2024年美國聯準會可能採取的貨幣政策有三個觀察重點：

第一、基準利率會上升到多少？

第二、利率在高點會維持多久？

第三、何時開始降息？

聯邦公開市場委員會（FOMC）在召開會議前，會仔細分析各種經濟指標，經過委員充分討論，再以多數決的方式決定利率。看來在物價降到聯準會設定的2％目標之前會繼續調升利率。若要解決全球供應鏈重組造成的成本上升，可能需要一段不算短的時間，也可能之後就維持在高成本結構的狀態。重要性第二的變數是就業指標，如果失業率長期維持在充分就業水準（約3.5％），聯準會或許可以減少景氣衰退的煩

惱，針對穩定物價更敢放手一搏。物價上漲對個人、企業及所有經濟主體都是一大壓力，從照顧民生經濟的方面來看也有其必要性。下一任美國總統大選是2024年11月，穩定物價有可能是目前最重要的政策目標。

　　另一方面，也有一派主張應該更彈性地面對穩定物價的目標。這一派的論點在於，過度執著於2％的目標，實施僵硬的貨幣政策，反而會讓決策過於偏頗，對總體經濟造成負面影響。聽起來似乎很有道理，不過目前為止還只是少數意見。反對這項主張的人認為，如果覺得目標不容易達成就修改目標，等於是在足球場上移動球門。只要有一次失去信賴，到下次恢復信賴之前，必須經過很艱困的過程。而且修改目標本來就不是一個良好的解決方式，若維持原本目標，對商品經濟、金融市場、國內外經濟條件做全面性的檢視，不失為一種有彈性的作法。

　　美國聯準會必須同時考慮充分就業、物價穩定與金融穩定。因為金融市場動蕩不安，對商品市場會帶來更大災難。金融市場如果不穩定，企業會排斥或延後投資，轉而積極確保流動性。加密貨幣市場雖然與傳統金融圈有段距離，美國加密貨幣交易所FTX破產、矽谷銀行停止提款事件，都是危害金融安定的因素，當然也會影響利率決定。美國財政部為了消除大眾不安，強調主要銀行的財務穩定性都很高，並且保證存戶放在矽谷銀行的存款全額都可提領。瑞士中央銀行也出面，推動財務不健全的瑞士信貸集團與瑞銀集團合併，努力消除金融市場的潛在不安。但是金融市場的變化原本就非常敏感，未來是否還會有突發事件，依然令人憂心。

# 第 6 章

# 由美國掌控的全球利率

# 26 韓美利率差與經濟政策

　　買東西的時候，如果知道美國產品的品質比自己國家來的好，價錢也比較便宜，選擇買美國貨是人之常情。雖然偶爾可能因為「愛國心」而買國貨，如果經常在市場看到相同條件的商品，相信應該還是會偏好買美國貨。因此，本國企業如果想生存，應該設法提高產品品質，並且把價格訂高，不然就只能用原本的品質降價求售。金融市場亦然，在金融市場流通最多的商品是債券，如果本國發行的債券比美國發行的債券價格高、但品質差，願意投資本國債券的人肯定減少。

　　被視為衡量債券「品質」的代表性指標是國家信用評等。所謂的信用良好，意思是發行債券籌資的國家或企業，比較不可能還不出錢。以2023年6月穆迪公布的資料為例，美國的國家信用評等是「Aaa」，也就是最高等級，韓國則是比美國低兩級的「Aa2」。[⑩] 如果單從國家信用評等來看，美國發行的國債品質高於韓國國債。債券價格以利率標示，利率愈高，代表債券的價格愈低。韓國的債券價格基準是中央銀行公布的基準利率，基準利率被當作7天期以內的極短期債券利率，而1年期、2

---

⑩ 編按：2023年11月美國的信用評等為「Aaa」，展望為「負向」。台灣2022年9月的信用評等為「Aa3」，展望為「穩定」。

年期等中長期債券利率也跟著被決定。2023年6月美國的基準利率是年利率5.25％，韓國是年利率3.5％。如果美國的信用評等較高，基準利率又有1.75個百分點的差異，這個時候有較多資金購買美國債券，也是無可厚非。

　　金融市場的原理雖然與商品市場類似，但是金融市場比較複雜。投資債券時，價格、信用評等、經濟情況、未來景氣展望、政策風向都必須考慮。這些變數可能會讓債券價格有大幅度變化。或許是這個原因，從過去的情況來看，投資人不會因為美國的利率比韓國高，就立刻拋售韓國債券，改買美國債券。1990年代之後，韓國與美國總共有四度基準利率的利差反轉，分別是1996年6月至2002年2月為期21個月、2005年8月至2007年8月為期25個月、2018年3月至2020年2月為期24個月，以及2022年7月至2023年6月（截至本書韓文版出版日）。除了這些時間，韓國的基準利率總是高於美國。[11]

　　韓國銀行的資料顯示，在韓美首次利差反轉的1999年6月至2002年2月期間，以外資淨匯入為基準，外資在韓國股市賣超41億美元，但買入韓國債券209億美元。將兩個金額相加，得到外國人對韓國證券市場有168億美元資金淨流入。這個結果不同於韓美利差反轉，資金就會流向美國的預期，資金反而流入韓國。第二次利差反轉期間（2005年8月至2007年8月）外資淨匯入韓國股市568億美元，淨匯出韓國債券263億

---

[11]　編按：台灣央行以「重貼現率」（一般商業銀行以手上現有的商業票據向央行「重貼現」換取現金所支付的利率）為主要基準利率。在美國強力升息前，台灣的重貼現率也大都高於美國。

美元。第三次期間（2018年3月至2020年2月）外資淨匯入韓國股市487億美元，淨匯出韓國債券84億美元。這些期間都出現股市與債券合計的證券市場有資金淨流入。只要資金沒有大幅外流，1美元兌韓元價格就會相對穩定。第一次利差反轉期間，1美元兌韓元匯率的月平均是1,160韓元，第二次期間平均是963韓元，第三次平均是1,142韓元。

## 這次有什麼不一樣？

從2022年7月起韓美利差反轉之後，從各種經濟指標與周遭情況可以發現幾個令人擔心之處。首先是利差反轉的幅度比以往大，持續時間也比較長。2023年6月韓國與美國的基準利率差是1.75個百分點，刷新最高紀錄。前一次兩國出現最大利率差是2000年5月至2000年9月，這4個月期間維持著1.5個百分點的差距。除了美國之外，韓國與鄰近國家的利率差也都有增加。在前三次韓美利差反轉時期，韓國的基準利率比歐盟、加拿大等先進國家還高，但是這次韓國比歐盟（4%）、加拿大（4.75%）、英國（4.5%）、澳洲（4.10%）都低，大概只有瑞士（1.5%）與日本（-0.1%）的基準利率維持著比韓國要低。這回韓美利差反轉的時間可能會比前幾次都長。以往發生韓美利差反轉，主要是因為美國宣布升息而引起，並非韓國採取貨幣政策造成，因此在美國降息之後，利差反轉就會結束。這次情況應該也會類似，假如韓國維持現在的利率水準，要結束第四次韓美利差反轉，美國必須再降息至少7碼（1.75個百分點）。由於美國的景氣與就業出現好轉跡象，美國可能延後降息

## 〔 韓美利差反轉時間與經濟指標比較 〕

| 時間 | 1999.6～<br>2002.2 | 2005.8～<br>2007.8 | 2018.3～<br>2020.2 | 2022.7～<br>2023.5 |
|---|---|---|---|---|
| 匯率<br>（韓元、月平均） | 1,160 | 963 | 1,142 | 1,325 |
| 貿易收支<br>（億美元、月平均） | 13.1 | 14.1 | 72.5 | -58.5 |
| 景氣 | 攀升－下滑－<br>攀升 | 維持攀升 | 維持下滑 | 維持下滑 |
| 經濟成長率<br>（季平均） | 10.5 | 5.3 | 2.4 | 1.7 |
| 消費者物價上漲率<br>（月平均） | 2.7 | 2.3 | 0.9 | 4.95 |
| 外國人股市淨匯入<br>（億美元） | -41 | 568 | 487 | 141 |
| 外國人債券淨匯入<br>（億美元） | 209 | -263 | -84 | 62.5 |

的時間點，因此推測韓美利差反轉的期間可能是20至24個月，甚至更長。

　　近來韓國金融市場的外在條件也沒有以前好。首先看貿易收支，在前三次韓美利差反轉期間，韓國的貿易收支月平均有13億至70億美元順差，等於在商品市場持續有美元流入。這次利差反轉（2022年7月至

2023年5月）則出現月平均為58.5億美元的貿易收支逆差，代表商品市場在美元持續流出之下，因為韓美利差反轉發生史上最大的利率差，只要有一點小小衝擊，就會讓韓國的外匯市場與金融市場大亂。此外，總體經濟指標也顯示韓國的經濟遇到瓶頸。第一次利差反轉間，韓國的季平均經濟成長率是10.5％、消費者物價上漲率是月平均2.7％。1998年因為有IMF緊急挹注資金，讓遭逢金融危機而驟降的成長率大幅回升。第二次利差反轉期間，季平均經濟成長率是5.3％、消費者物價上漲率僅2.3％。第三次利差反轉期間，季平均經濟成長率是2.4％、消費者物價上漲率僅0.9％。反觀第四次利差反轉，季平均經濟成長率只有1.7％、

〔 韓國貿易收支與匯率變化 〕

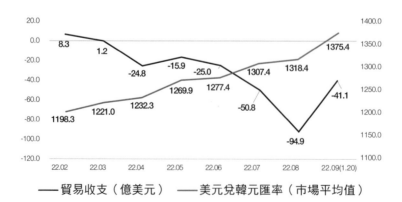

資料來源：韓國銀行

消費者物價上漲率已高達4.95％，是四次之中經濟成長率最低，但物價上漲率最高。簡單來說，韓國的貿易收支持續處於逆差、經濟成長率衰退、物價不斷走高，在最差的總體經濟環境之下，與美國利率出現最大差距，結果造成韓元貶值，1美元兌韓元匯率反覆在1,300韓元上下遊走。

景氣動向也對韓國的經濟發展不太有利。以韓國統計廳（Statistics Korea）公布的景氣同時指數分數來看，第一次利差反轉期間，景氣出現攀升－下滑－攀升的動態變化，第二次期間是景氣完全處於攀升狀態，但是第三次與第四次期間，景氣不斷下滑。景氣攀升時，股票市場出現榮景，外國人買股讓資金流入的情況較多。如果景氣處於下滑局面，無法期待外資積極參與買股。同樣的道理，景氣下滑時，難以期待外資積極參與債券投資，因為美國的利率遠高於韓國。以往有「韓美利差反轉→匯率上升→貿易收支順差・景氣恢復→外匯市場穩定」的正向循環，現在則可能發生「韓美利差反轉→匯率上升→貿易收支逆差・經濟不景氣→匯率繼續上升→加重資本外移」的惡性循環。

從經濟學理論來看，結論也大同小異。利率通常接近於物價膨脹率加上經濟成長率。IMF預估，2023年美國的經濟成長率是1.6％，韓國是1.5％；美國的消費者物價上漲率是4.5％，韓國是3.5％。依照這個預測，以1年期國債利率來看，美國的利率大約要6.1％，韓國的利率大約要5％才合理。但是韓美利差反轉也與這個概念相悖。

從以往的例子來看，會發生韓美利差反轉，都是美國的貨幣政策所致。簡單來說，因為美國升息的速度比韓國快，才讓韓美利率差增加，

之後又因為快速調降基準利率，使利率回到正常水準。結果在韓美利差反轉期間，韓國不必採取任何因應措施。對韓國而言，其實就是等待美國的利率政策「水到渠成」就行。韓國現在除了擔心經濟發展之外，還要擔心國家信用評等造成國內資本外流，決定利率的數學式肯定相當複雜。韓美利差反轉，如果利率差距擴大，對韓國投入的資金會往美國移動，使韓元貶值匯率上升，金融市場遭受打擊。尤其貿易收支持續出現逆差，經濟處於衰退局面，韓美利率差更有機會造成資本移動。韓國的利率政策雖然跟隨美國，還是會出現這樣的兩難，2023年就是寫照。

# 27 動搖的美元霸權

　　在美國出生的一瞬間，就有兩件事情不用煩惱。第一，除非有特殊情況，否則不用特別再學外語；第二，不用擔心匯率問題。美國的學校雖然會有中文、西班牙文等外語課程，美國學生學習外語的壓力和別國學生學英文的壓力完全無法相比。許多美國學生認為，其他國家的人有學英語，自己不必為了跟其他國家的人溝通認真學習外語。

　　匯率也是一樣。世界各國每天必須注意本國貨幣與美元的交換比例，萬一匯率波動的幅度太大，還得看美國的臉色煩惱對策。美國就沒有這種困擾，因為不接受美元的國家很少，美國人甚至拿計算機換算與其他國家貨幣的交換比例都不用。英語和美元是支撐美國的兩大支柱。

　　2023年以來，美元這根支柱出現動搖，經濟面的徵兆從3月開始發酵。矽谷銀行倒閉事件觸發銀行危機，讓美國國債也有風險了。美國聯邦準備制度調升基準利率，造成美國國債價格下跌，矽谷銀行因為大量持有美國國債而遭遇龐大損失，引起存戶不安，前往矽谷銀行要求提款，發生「擠兌」事件，最後讓矽谷銀行倒閉。這個件事延燒到瑞士與德國，包括美國在內的各國政府雖然很想趕快滅火，卻接著發生地震。

　　依照聯準會公布的資料，2023年3月短短1個月內，美國境內的商

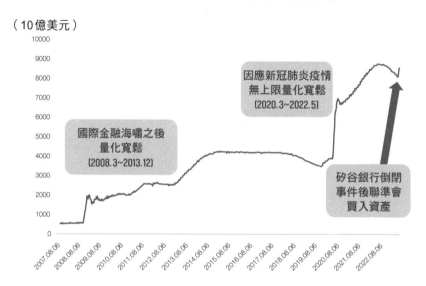

〔 歷年美國聯準會的資產變化 〕

（10億美元）

因應新冠肺炎疫情
無上限量化寬鬆
（2020.3~2022.5）

國際金融海嘯之後
量化寬鬆
（2008.3~2013.12）

矽谷銀行倒閉
事件後聯準會
買入資產

資料來源：Fed

業銀行存款減少約5,000億美元，存戶無法消除心中的不安，擔心銀行隨時可能倒閉。這次危機顯示美國雖然可以應付對外變數（匯率）造成的影響，但卻沒辦法不受對內變數（國債價格）影響。

美國國債雖然是銀行危機的導火線，另一邊還有美元的問題。美國國債與美元可看成硬幣的正反兩面，聯準會在市場上買賣國債就能調節美元數量。如果美國國債的信用下降、價格下跌、利率上升，聯準會就會在市場上買回國債穩定價格。聯準會為了取得購買國債的資金，必須

## 〔 美國的商業銀行存款變化 〕

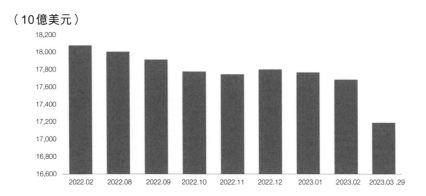

（10億美元）

發行美元。過程中如果放出太多美元，造成美元價格下跌、物價上漲，聯準會就再次賣出國債，回收美元，使貨幣價值穩定。因此美國國債與美元的形成共生關係，相互依存，尋求適當的平衡。

## 量化寬鬆的迴力鏢

美國國債與美元的共生關係，從2008年國際金融海嘯開始出現裂痕。當時因為雷曼兄弟破產引發的金融危機重擊美國經濟，聯準會趕緊實施量化寬鬆政策，大量發行美元，並且用這些錢買回國債。這麼一

來，市場上的美國國債數量減少，美元又變得太多。聯準會的資產負債表上，主要資產是美國國債與不動產抵押貸款證券（MBS）等各種債券，負債則是聯準會發行的美元。聯準會利用發行美元買回市場上的債券來增加貨幣供給，會使資產增加。2007年8月爆發金融海嘯前，聯準會的資產是8,650億美元，量化寬鬆之後，2015年7月資產超過4兆5,000億美元，8年內暴增大約4倍。

由於聯準會發行太多貨幣，市場上到處是美元，照理說應該會引起很高的通貨膨脹，但當時美國的消費者物價上漲率僅1％至3％。這是因為美元會變魔術。聯準會放出貨幣，如果美國的物價上漲、美元貶值，這樣就失去增加貨幣供給的意義。但是美國發行的美元，有很大部分會流向其他國家。根據韓國銀行統計，2007年韓國、中國、日本、英國等39個主要國家的外匯存底是4兆9,619億美元，2013年增加到9兆490億美元，金額幾乎加倍。也就是說，美國的美元與國債變成其他國家的外匯存底，全世界對美元的需求大增。因此美國雖然釋出了規模非常驚人的美元，隨著這些錢流向海外，美國的物價依然可以維持穩定。多虧了國際儲備貨幣「美元的力量」，美國才能沒有物價上漲的後顧之憂，利用發行美元度過金融危機。

但是「過猶不及」這個成語也能用來比喻美國。2020年新冠肺炎疫情引發經濟危機時，美國聯準會也多次展現對美元的自信。由於疫情讓美國景氣更衰退，聯準會在2020年3月宣布啟動「無上限量化寬鬆」（unlimited QE），大幅增加貨幣供給。2020年1月聯準會的資產是4兆1,736億美元，2022年3月來到8兆9,000億美元，短短兩年增加4兆

7,300億美元，增加幅度比2008年金融海嘯時還多。但是這時，美國的周邊情況已經與2008年大不相同。

2008年聯準會釋放貨幣雖然沒引起物價上漲，2020年啟動無上限量化寬鬆後，才經過兩年，2022年的物價上漲率已經超過年平均9％。量化寬鬆的速度太快雖然也是原因，根本問題在於2008年以後釋出的貨幣數量持續累積，已經超過美國經濟能負擔的程度，美國以外的其他國家也不像2008年當時積極增加外匯存底。除了各國的外匯存底都已經接近飽和，各國對美元也愈來愈不信任。2020年39國的外匯存底是10兆2,478億美元，2021年是10兆7,173億美元，只增加了4,700億美元。

2022年這些國家的外匯存底是9兆9,167億美元，甚至比2021年減少8,006億美元。與美國對立的中國，攻擊性地出售美國國債，美國的友邦日本，也減少外匯存底1,780億美元。各國對外匯存底的立場改變，顯示美國任意印鈔票救自家經濟的效果，某種程度已經不如以往。反而因為各國在減少外匯存底的過程，出售美國國債、減少美元資產，讓美國國債的價格與美元價格跌幅加深。

2023年3月矽谷銀行倒閉事件對這樣的氣氛火上加油。矽谷銀行倒閉重傷了美國國債象徵最安全資產的地位，各國拋售美國國債，改為持有黃金或其他替代資產。就在這個時候，聯準會雖然宣布要用升息來控制通貨膨脹，實際上卻又悄悄在市場上買入美國國債，釋放出美元，雙重態度增添其他國家的不信任。2023年2月底聯準會的資產是8兆3,420億美元，3月底卻變成8兆7,337億美元，增加了約4,000億美元。

若要穩定美元價值，應該控制住通貨膨脹；若要穩定金融市場，應

## 〔 39個主要國家歷年的外匯存底變化 〕

（10億美元）

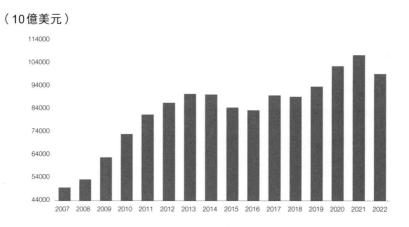

資料來源：韓國銀行

該控制住國債價格，這變成聯準會的兩難。這樣也不行、那樣也不行，在聯準會猶豫的時候，美元在美國國內與國外都失去人氣，需求當然也是減少。2008年與2020年的危機情況不一樣，2023年又是迥然不同，聯準會卻每次都想用撒錢的方式解決，各界對此感到失望。

國際關係的走向也是逐漸對美元不利，最具代表性的例子就是「油元」。曾經支持美元的油元地位正在動搖。隨著沙烏地阿拉伯與中國有擴大人民幣貿易範圍的跡象，對油元的地位產生威脅。如果油元制度瓦解，對穩定美元價值絕對會是致命打擊。

　　逐漸成形的國際局勢預告著美元的危機，但是這個危機看來還不會輕易延燒到美國的金融系統。如果美元的危機來臨，美國政府會出面緊急處理，爭取時間，美國的金融公司也會回收散布在全球各地的美元，過程中會有一些國家成為犧牲者。明明是美國造成的問題，受害的卻是別國，這就是現實的國際金融秩序。因為美元集中從幾個國家流出，缺乏應變能力的國家就會走向國家破產，這對先進國家也不例外。不論是德國、英國等歐洲國家或是日本，都曾經是美元霸權之下的犧牲者。因此，如果美元外流及美元外流造成經濟危機的恐慌感覺加深，各國又會開始持有美元，讓美元的需求增加，美元價格再次上漲。由於美元的危機移轉到其他國家，美國的美元霸權就會更強大。

　　各國政府現在把阻斷美元危機的移轉作為施政焦點。從2023年3月8日發生矽谷銀行擠兌事件到4月10日為止，觀察這1個月內，10年期國債殖利率的變化，可以看出各國的應對方式。美國、德國、瑞士等有出現銀行危機徵兆的國家，國債利率至少都降低10％。因為各國政府出面買入國債，利率降低，國債價格上漲。反觀墨西哥、台灣、巴西等新興國家的國債利率下降幅度低於5％，出現明顯對比，可見美元危機還沒波及新興國家。但是美元危機的火花何時會飛濺到哪個國家，預測起來相當困難，國際金融市場的緊張氣氛才會升高，像是一顆未爆彈。不同於2008年的世界經濟局勢，靠著美元霸權解決經濟危機的美式作風，未來會帶來什麼樣的結果，值得繼續觀察。

# 28 追隨美國的歐元區

　　歐洲主要國家所屬的歐元區，其貨幣政策大致上與美國同調。因為歐洲的政治及經濟體制幾乎都與美國相同，經濟的運作方式、金融部門也與美國有密切聯繫。歐元區以歐元作為單一貨幣體制，選擇加入歐元區的國家，其貨幣政策由歐洲中央銀行（ECB，European Central Bank）主導，呈現一種利率、匯率由外部決定的特殊結構。歐盟成員國依照歐洲中央銀行宣布的標準，制訂財政政策、管理物價與經常帳（current account），發展國家總體經濟。

　　近期全球供應鏈重組、供應鏈瓶頸、烏俄戰爭等因素，對歐元區帶來重大打擊。因為天然氣、石油等能源價格飆漲，2022年9月物價上漲率一度飆破10.0％，在8％至9％之間徘徊，以歐元區的中期物價目標是2％來看，幾乎上升了4倍之多。由於物價上漲的因素難以在短期內解決，歐元區暫時還不容易停止升息。

　　雖然歐元區面臨通貨膨脹的問題，勞動市場目前仍然表現良好。在新冠肺炎疫情之前，歐元區的失業率約7％，疫情之後只些微上升到8％，2022年12月還曾以6.6％寫下失業率的歷史新低。後續就算歐洲中央銀行繼續調升利率，對就業指標可能也不至於有太大影響。在產業

領域，勞工要求加薪的態度強硬，這一點有可能刺激物價，比較值得注意。因為通貨膨脹如果引起薪資水準上升，有可能再次引發物價上漲。在人事成本較高的服務業領域，一旦工資上漲，就很難再減少，薪資調漲對物價會有較大影響。2023年6月歐洲中央銀行調升借款給商業銀行採用的基準利率，由3.75％上升為4.0％。2022年7月是歐洲中央銀行在歐洲財政危機之後，睽違11年首次調升基準利率，之後連續八度升息。

## 歐洲聯盟與歐元區的誕生

　　歐元區的推動過程，一直圍繞著複雜的利害關係，總算在不斷協調之下登場。歐洲國家希望擴大區域內的經濟合作關係，這些國家能對組成歐洲聯盟（EU，European Union）達成共識，1990年東西德統一是決定性的關鍵。因為德國曾掀起兩次世界大戰，在歐洲與全世界點燃戰火，歐洲各國認為「強大的德國」是區域和平的重大威脅，終於催生出歐洲聯盟（以下簡稱歐盟）。

　　依照1991年簽署的《馬斯垂克條約》（Maastricht Treaty），1993年德國、法國、義大利、西班牙等12個國家成立歐盟。《馬斯垂克條約》對經濟與貨幣整合、共同外交、國家安全與司法等內政領域提出合作的基本框架。歐盟接受蘇聯瓦解後的東歐國家加入，2020年英國退出歐盟之後，目前會員國有27國。巴爾幹半島向來有歐洲火藥庫之稱，歐盟分階段接受巴爾幹半島上分裂獨立的國家加入，也是基於維持區域安定的目的。歐盟主要由歐洲執行委員會（European Commission）、歐洲議會

（European Parliament）與負責金融的歐洲中央銀行組成；歐洲執行委員會是行政部門。歐盟總部與歐洲議會設在比利時布魯塞爾，歐洲中央銀行總行位在歐洲的金融中心 —— 德國法蘭克福。

　　歐元區是1999年由歐盟11個會員國建立的單一貨幣體制。當時15個會員國之中，英國、丹麥、瑞典因為國內輿論反對，希臘則是條件未達標準，因此沒有加入。截至2023年6月，27個歐盟會員國之中，總共有20個國家採用歐元。歐洲執行委員會公布的加入條件是物價、財政、利率、匯率等總體經濟指標有穩定運作。歐洲中央銀行由管理委員會（Governing Council）、執行委員會（Executive Board）及一般理事會（General Council）組成。管理委員會由6名執行委員會委員及12國中央銀行總裁組成，以多數決決定貨幣政策，執行委員會負責實施。投票權依照各國的GDP比重賦予經濟性的加權，歐洲中央銀行總裁一人有兩票。歐洲中央銀行的貨幣政策目標是物價穩定。

　　歐元區的國家因為使用單一貨幣，提高經濟活動的便利性。未加入歐元區的歐盟會員國及非會員國，也可以利用簽署協議的方式，採用歐元或本國貨幣與歐元並行。

　　1970至1980年代，許多歐洲國家經歷過高物價上漲的痛苦，葡萄牙、希臘、義大利更曾經發生超過20％的通貨膨脹。1999年以後，歐元區的物價成功維持在接近2％的目標，這可以歸功於歐洲中央銀行重視物價穩定，會員國為了達成目標，盡量把物價控制在2％。除此之外，歐元區內的價格體系透明，一價法則（law of one price）奏效，相同物品不管在哪個國家都一樣用歐元標價，消費者容易比較，價格就不容易異

常增加。

　　歐洲民眾對長期通貨膨脹的預期心理不高，利率得以維持在低水準，也讓企業進行投資時的資金籌措壓力減少。歐洲低所得國家可用低利率取得歐元，芬蘭、義大利、葡萄牙、西班牙、希臘等國，跟原本使用各自的貨幣時相比，因為加入了歐元區，得以用低利率發行國債、公司債等。由於國債利率綜合反映各國的基礎經濟條件、貿易收支、物價等指標，不同國家的國債利率多少會有差別。德國是帶動歐洲經濟發展的火車頭，國債利率最低，其他國家發行國債的利率比德國高。但是相對於各國尚未使用統一貨幣之前，歐元區國家的利率差距縮小。此外，匯率風險（exchange risk）減少，也帶來大幅降低跨國交易成本的優點。加入歐元區的會員國之間，金融服務的需求與供給自由，加速歐元區內的金融市場整合。

## 歐洲財政危機與歐元區的限制

　　希臘的債務危機 —— 違約（default），暴露出歐元區體制的限制。雖然單一貨幣帶來許多優點，但是單一國家的金融危機，卻可能擴散到整個歐元區。因為各國無法有自己的利率與匯率政策，這也是歐元區的最大弱點。希臘在歐元區剛上路時，因為條件不符合未能加入，後來雖然成功躋身歐元區的一員，卻被發現低報國家債務資料。希臘從1981年起，有接近30年時間實施民粹主義的福利政策，造成國家財政瀕臨破產。2001年希臘為了加入歐元區，努力達成各項條件，用低利率發行國

債，填補國家空洞的財政。但是希臘政府不但沒將發行國債取得的資金用在投資、建置基礎設施或改革財政結構，反而又投入社會福利支出與消費，導致財政問題未能有所改善，2008年在全球金融海嘯時，更如同被投入一記震撼彈。

繼希臘之後，其他在歐元區合稱歐豬五國（PIIGS，Portugal, Italy, Ireland, Greece, and Spain）的葡萄牙、愛爾蘭、義大利、西班牙等南歐國家，也接連發生財政問題，點燃歐洲的財政危機。外界曾有一度擔心歐元區是否會瓦解，所幸在投入大規模歐洲金融穩定基金（EFSF，European Financial Stability Facility）之後恢復穩定。歐盟的會員國因為無法各自採行貨幣政策，必須由歐洲中央銀行居中協調；針對金援希臘與希臘財政結構調整案的協商過程，中歐國家（西德與法國）與財政不穩定的南歐國家猜忌愈來愈大。而且歐盟的兩大支柱 —— 德國與法國也因為利害關係不同，遲遲無法達成共識，才會出現歐元區有可能解體的傳聞。

一國的匯率變動具有早期預警功能，對外失衡也有自動調節的機制。如果擁有自己的貨幣，在面對經常收支逆差變大或國家債務增加時，會發生貨幣價值減少、匯率上升，伴隨利率上升；這對企業如同對外競爭力增加，可帶來穩定經常帳與吸引外國資本流入的效果。

但是對無法自主採取貨幣政策的歐元區會員國，如果出現相對高的通貨膨脹，對比物價相對穩定的國家，就會發生實質有效匯率（REER，real effective exchange rate）被高估，導致出口競爭力減弱。實質有效匯率是本國貨幣價值與貿易國貨幣的相對水準，是考慮兩國物價差異，依照貿易比例計算出的匯率。歐洲財政危機讓歐元單一匯率暴露出總體經濟

失衡、財政政策運作方式及會員國之間的差異問題。

　　歐元區的會員國之間，因為實質利率差異造成物價上漲率高的國家，也就是實質利率低的國家，取得資金的成本相對較低，因此歐元區的投資都往實質利率低的國家集中。雖然單一貨幣的利率在所有會員國都相同，但是各國的物價水準不同，實質利率還是有差異。在容易取得資金方面，會員國都享有這個好處，但是如果全球市場發生危機，或特定會員國的財政、金融發生問題，國債與公司債的利率就會出現更明顯差異，或者難以取得資金。

　　歐元單一貨幣實施至今已有24年，同時顯現單一貨幣制度的優點與缺點。即便如此，幾乎沒有國家退出歐元區，反而還有國家持續推動加入，代表成為歐元區會員國可獲得的優點比缺點多。未來在共同實行貨幣政策的過程中，如果累積更多經驗，應該能推動更進步的貨幣政策。

# 29 不跟美國走的中國

　　中國的貨幣政策除了基準利率就不一樣，也不是採用單一利率，而是有很多種利率搭配使用，主要以銀行的1年期貸款市場報價利率（LPR，loan prime rate）與5年期貸款市場報價利率作為利率政策。基準利率傳達到市場上的方式也很特殊。中國的利率體系很多樣化，利用各種政策利率改變市場利率。在調整利率的方式上，中國經常運用存款準備率。此外，也有與利率政策一起實施的中央銀行再貸款與貸款制度。這類制度增加中小企業與農業等弱勢階層的金融機會，政府會選擇性的提供支援。

　　中國的中央銀行是中國人民銀行（The People's Bank Of China，以下簡稱人民銀行），每個月20日公布實質基準利率。2023年6月20日是中國近10個月以來，首次降低貸款市場報價利率10個基點（0.1個百分點），讓1年期貸款市場報價利率從3.65％降低為3.55％；5年期貸款市場報價利率從4.3％降低為4.2％。貸款市場報價利率扮演基準利率的角色。美國聯準會2023年6月宣布凍結利率，人民銀行的利率卻往下降。中國的貸款市場報價利率來自人民銀行運作的中期借貸便利（MLF，medium-term lending facility）利率與銀行的貸款利率、資金條件、風險貼

水（risk premium）等加權平均合計。

　　中國的官方說法是採取通貨膨脹目標制，以經濟成長作為目標，實際上卻有很多個政策目標。《中國人民銀行法》第3條規定，貨幣政策目標是保持貨幣幣值的穩定，並以此促進經濟增長。前人民銀行行長周小川曾說，達成每年中國政府設定的經濟成長、物價、就業、經常帳等目標，才是實質目標。為了達成這麼多項政策目標，必須透過很多種利率政策手段。中國有人民銀行政策利率、貸款市場報價利率、市場利率，共三種利率體系。政策利率有公開市場操作利率、再貼現與再貸款及貸款制度利率，其中公開市場操作利率是短期的政策利率。人民銀行依照期間、對象細分，增加流動性的貸款制度有7天超短期流動性提供制度、28天期大型商業銀行短期流動性提供制度、1天至1個月期銀行擔保貸款、3年期長期資金與脆弱領域擔保貸款等。

　　中期政策利率有中期借貸便利利率。人民銀行在中長期資金市場調整中期借貸便利利率，藉由對銀行貸款的標竿 —— 貸款市場報價利率產生影響，進行升息或降息。貸款市場報價利率是由18家銀行以1年期與5年前的新申辦貸款、機動利率貸款的利率綜合計算而得。如同前面提過，貸款市場報價利率相當於基準利率，其中的5年期利率就扮演中期政策利率角色。

　　中國貨幣政策的特徵之一，就是有很多種制度能針對特定領域、選擇性地增加流動性，支援對象主要是中小企業與農村等弱勢層級。最具代表性的制度是選擇性存款準備率制度、選擇性中期便利借貸制度與抵押補充貸款制度（PSL，pledged supplementary lending）等。選擇性存款

準備率制度是中大規模銀行對脆弱行業提供貸款時，只要符合條件，就適用優惠的存款準備率。選擇性中期便利借貸制度幫民間企業與中小企業提高貸款限額，使其能額外再申請貸款。抵押補充貸款制度是中國開發銀行、中國農業發展銀行、中國進出口銀行等政策銀行，對人民銀行以貸款債權作為擔保，向農業、中小企業、低度開發區域提供資金支援。

中國除了採取利率政策，也經常調整存款準備率。當國內外的利率差距拉大，調整存款準備率可有效避免短期的投機性資金流動，也容易對特定領域提供金融支援。全球金融海嘯、美中紛爭、新冠肺炎疫情時，中國為了避免經濟蕭條，同時降低利率與存款準備率。

# 中國「利率特立獨行」的背景

大部分國家的中央銀行名字裡都有國家名稱，但中國的中央銀行不是中國銀行，而是叫做「中國人民銀行」。中國銀行與中國工商銀行、中國建設銀行、中國農業銀行是中國在外匯方面具有優勢的四大國有銀行。人民銀行屬於政府組織，必須積極達成中國政府指示的政策目標，在中央銀行的角色方面，人民銀行的支配結構、決策方式、政策目標，都與其他國家有明顯不同。因為中國政府是在共產黨領導的體制之下，如同人民解放軍不是國家的軍隊，而是共產黨的軍隊。

1979年中國採取改革開放路線，經濟開始快速發展，西方國家曾經認為中國會面臨嚴重的財政危機，金融機構與公營企業會因為財務結構不佳而倒閉，結果卻大相逕庭。美國、歐洲國家等西方媒體用自己的觀

點看中國，忽略了中國特有的政治與經濟結構。西方國家與中國最大的差異是政策持續性，這也是共產黨一黨獨大制的特徵。在習近平之前，另外兩位主席江澤民與胡錦濤，都是以5年連任的方式掌權10年主導政策。以2015年5月中國發表的《中國製造2025》為例，規畫了2015年至2045年的30年政策。

中國的決策結構是「追隨黨的決定」，容易維持政策一致性。如果遇到危機情況，中央的應變決策可以立刻傳達到地方執行，利用中央集權體制的特性，動用國家擁有的政策手段與資源採取因應對策。最代表性的就是全球金融海嘯時，中國為了振興民眾消費，對汽車與家電的購買採取減稅並提供補助金的優惠，而且很早就開始降息、提供資金補助，大規模擴張流動性。加上中國採取土地國有政策，官方可以隨心所欲地主導房地產開發計畫，用來振興景氣。

不過，最近中國擁有的相對優勢有弱化的傾向。從新冠肺炎疫情時的「清零」政策、上海宣布封城的政策來看，因為侵犯了個人的私生活，造成消費驟減，產生了非常大的負面影響。政府宣布就必須照做，這種方式在堪稱全世界第二大經濟體的中國，看起來過於威權、僵化。中國以有特色的社會主義市場經濟體制作為口號，走上了成功之路，把重點放在市場經濟，鼓勵個人追求私有財產與民間企業活動。不過在進入習近平體制後，政策方向從「市場經濟」移轉到「中國社會主義」。隨著美中之爭愈演愈烈，中國的天朝主義也跟美國優先主義一樣持續高漲。未來中國不論是在經濟政策或決定利率的貨幣政策，可能會愈來愈強調中國式優先與中國夢。

## 為了提振景氣的降息

　　2023年6月是中國在睽違10個月之後的利率調降。先前中國一直處在觀望階段，這次一發現美國聯準會的升息動作變慢，立刻宣布降息。中國的利率政策風格跟其他國家非常不同。只要聯準會不斷升息，主要國家大致都會跟進，唯獨中國面對利率「特立獨行」。現在中國政府與中央銀行的目標是解決新冠肺炎疫情封城造成的經濟蕭條，共產黨領導的中國政府為了讓人民生活富饒，必須持續推動經濟高速成長。

　　美中對抗逐漸擴大到各個層面，在貨幣政策也無法例外，不過美國和中國在經濟成長率的變化及通貨膨脹的發生條件完全不同。中國到2000年代為止，幾乎都維持著兩位數的經濟高成長率，現在雖然將目標降到保7（經濟成長率7％），目前仍是5％，尚未達成目標。2022年中國的GDP成長率目標是5.5％，實際上也只達到3％，這是繼2020年經濟成長率僅2.2％之後，1970年代中期以來的倒數第二低。這必須歸咎於新冠肺炎疫情當時，中國當局下令上海等主要都市實施封城的清零政策。

　　中國跟美國的最大差異在於，中國現在沒有通貨膨脹問題。2022年12月中國的消費者物價指數比去年同期上升1.8％，2023年1月物價微幅上漲到2.1％。以相同時間做比較，美國2022年12月物價是6.5％、2023年1月是6.4％，2022年6月還曾經高到9.1％、9月是8.2％，顯示中國的物價處在相對低水準。相較於美國得不顧一切地減少通貨膨脹，中國應該立即拋棄封鎖姿態，採取開放政策才能拯救經濟。雖然中國也想讓基準利率降得更低，但是美國不斷地攻擊性升息，讓中國無法如願。先前

人民銀行會長期凍結利率，也是顧慮與美國的利率差距。中國為了振興經濟，可能利用搶救房地產市場當作手段。目前中國各地都在推動都市建設，如果對開發公路、鐵路、港口、觀光等基礎設施投入資源，也能幫助經濟成長率提升。

　　中國的利率政策方向堅持走自己的路，目標是帶動經濟成長。不過，中國還是必須把美國聯準會的利率決策放在心上。因為中國的經濟與金融市場跟全球市場連接在一起，全球金融市場受美元體制牽動，中國無法脫離美元的影響範圍。因此，中國的利率決策難免會受美國影響。基本上，中國的經濟成長率還是決定中國利率的最大變數。

　　萬一中國的經濟成長率持續停留在偏低的水準，到時候中國應該會完全忽視美國的利率政策，以更大的步伐走上降息路線。如果後續美國暫緩升息或開始降息，中國絕對會有更大的動作來調降利率與存款準備率，全力振興經濟。現在是習近平第三次任期的第一年，也是必須實現共同富裕的時間點，中國一邊對抗美國的牽制，一邊實施著振興內需與擴大外銷的雙循環政策。這裡還包括為了達到經濟成長率5％，不得以的開放政策。如果從中國的統治型態來看，2022年12月與其說是白紙革命發揮影響力，倒不如說中國原本就準備停止封鎖政策，只是順勢宣布開放。

　　1980年代日本曾經小看美國，沒想到在簽署《廣場協議》讓日圓升值後，造成後來經歷「失落的30年」，這件事情讓中國引以為鑑。因此中國即便面對國際社會的壓力，依然反對開放利率與外匯自由化，只願意依照自己訂定的金融開放計畫一步一步前進。1997年韓國與其他亞洲

國家遭遇金融風暴，後來也成為中國經濟官員與學者長期以來的研究主題。面對超強大國的壓迫，中國認為如果屈服於美國要求的金融開放，將造成難以想像的後果。

# 30 與美國唱反調的日本

　　日本在全球金融市場上，只要談到利率政策，幾乎跟調皮的搗蛋鬼沒兩樣。就算美國聯準會持續大動作升息，日本也是主要國家之中，唯一堅持讓基準利率維持在接近0％的國家。日本會選擇長期維持著極端寬鬆的貨幣政策，自然有自己的考量。不過在2022年底發生一件特別的事，堅持擇善固執的日本銀行突然在2022年12月20日宣布，10年期國債殖利率變動幅度從0.25％提高到0.50％。債券價格會依照殖利率變化，如果殖利率提高，會使債券價格下跌。殖利率可以反映價格，這點幾乎等同於利率。

## 日本獨特的殖利率曲線控制政策

　　日本銀行長期以來把「殖利率曲線控制」（YCC，yield curve control）政策作為基本的貨幣政策。日本銀行前總裁黑田東彥為了日本的經濟發展，以安倍經濟學的理論為基礎，設計並實施這項政策。殖利率曲線上的每一點都是利率依照本身屬性反應的時間價值，由左下往右上延伸。極短期利率較低，中期利率較高，5年期、10年期、30年期的利率會隨

時間更高，依此描繪出殖利率曲線。

　　日本銀行讓政策利率，也就是基準利率整整8年維持在 -0.1％，但是特別讓短期利率與10年國債利率維持在0.25％，就是在進行殖利率曲線控制。因為如果發生短期利率與長期利率接近，或長短期利率倒掛，金融市場容易混亂。銀行通常利用短期存款取得資金，進行中長期放款，藉此賺得存放款利差，如果不讓中長期利率維持高於短期利率一定的水準，銀行就會失去放款誘因。如果要振興日本經濟，銀行必須踴躍借款給企業，讓企業能進行設備投資或取得必要的資金。當中長期利率與短期沒有差異，或者出現中長期利率比短期還低的倒掛現象，銀行絕對不願意放款。唯有長期利率更高，有利率差的套利空間，銀行才有辦法創造獲利。萬一出現長短期利率倒掛，這就是未來經濟不景氣的徵兆。不是沒有值得投資的事業，不然就是未來景氣預測看壞，企業向銀行借錢或發行公司債籌資的必要性降低。因此日本銀行刻意將10年期國債殖利率訂得比基準利率還高。

　　為了要讓10年期國債利率維持高於短期利率，日本銀行用了什麼方法？2012年日本開始實施安倍經濟學，日本銀行宣布每年投入80兆日圓買入國債。這就是所謂的貨幣數量攻勢。但是這個方法有許多問題。除了日本銀行因為買入太多國債而壓力龐大，市場功能也逐漸衰退。面對這項問題，美國前聯準會主席柏南克對日本提出建議，不是採取數量政策，應該公布一個利率水準，才能給市場更明確的訊號，而且也不必每年一定要用80兆日圓買回國債。日本接受美國的建議，2016年9月將10年期國債利率降為0％，作為長期基準利率，並且將殖利率變動幅度訂

為0.25％。由於殖利率曲線控制也是貨幣政策，日後日本就依這個方式運作。黑田東彥以安倍經濟學為基礎推行的政策，首相岸田文雄上任後也繼續維持。

## 美國升息與日本的超寬鬆貨幣政策

2022年美國接連快速升息，對日本的貨幣政策帶來極大壓力，各界不斷質疑日本為何不跟著全世界一起升息。其實在美國升息之後，日本應該是最難操作貨幣政策的國家。

就算日本不考慮美國的升息問題，要維持長期利率高於短期利率已經很不容易，如果連美國升息也納入考慮，萬一日本的短期利率上升，就更難控制長期利率維持在0.25％。市場參與者認為，在同步運作的全球金融市場上，日本幾乎不可能特立獨行維持負利率。這些人的應對方式，就是賭10年期國債利率會上升，要不是賣出10年期國債，就是在期貨市場賣出選擇權。日本銀行公告10年期國債利率為0.25％，為了接收市場上的10年期國債而咬緊牙根。日本的中央銀行、市場參與者、賭國債利率會上升的投資者，展開一場檯面下的鬥智。不過日本銀行因為把國債全部買回，已經造成國債占資產的比例過高，有少數國債種類大部分都是日本銀行持有，導致債券市場發生嚴重的價格扭曲。日本銀行必須再一次找到解決方法，於是要求民間銀行買入日本國債。日本銀行以低利率對民間銀行提供買入國債的資金貸款，促使民間銀行買入國債。不過這個辦法也沒辦法撐很久，最後終於在2022年12月宣布國債殖利率

變動幅度從0.25％提高到0.50％，希望藉由這項措施，引導債券市場增加國債交易，提高資金的流動性。

## 堅持負基準利率的理由

日本絕對不輕易放棄負利率有多個理由。首先是為了振興經濟，只是要達成物價2％的目標，還有許多問題有待解決。為了讓物價穩定進入2％，必須使薪資水準提升，這一點日本政府、日本銀行與日本企業有一致的立場。長久以來日本的物價原地踏步，甚至還曾經下跌，近來終於出現經濟復甦的訊號，有可能擺脫「失落的30年」。堅持把維持物價上漲作為重要課題，是日本與其他國家最大的不同。物價上漲可以帶動消費與投資的交互循環作用，勞工的薪資上漲可帶動物價上漲，促進景氣復甦，長期凍結薪資則象徵日本經濟蕭條。還有一點，利率上升會使日本銀行持有的日本國債價格大幅下跌，新發行的國債利率負擔增加，使財政運作受到限制，而且日本企業或個人從很久以前就增加海外投資，持有許多外國債券、股票、房地產等海外資產。依照IMF的報告書內容，2021年日本的對外淨資產有3兆7,480億美元，連續31年排名世界第一。就算負利率使日圓價格持續走貶，以美元標示的外國資產價格也是上升，兩者會相互抵銷。

全世界主要國家接連配合美國的升息動作調升利率，唯獨日本持續將短期基準利率維持在-0.1％，如果從全球金融市場的情況來看，一般都會覺得很不可思議。2022年底，日本雖然將10年期國債利率的變動幅

度增加0.25個百分點，但是2023年6月美國的政策利率上升到5.25％，美國與日本的利率差距更大。

1980年代日本曾經夢想成為世界第一經濟強國，卻因為美國的《廣場協議》採取日圓升值政策，日本的經濟逐漸失去活力。2000年日本的經濟被中國超越，在全世界排名第三，如果繼續放任不管，接下來可能還會被德國或印度超車。對已經體會過經濟蕭條的日本人，擔心全球危機、新冠肺炎疫情的心情，似乎激發了「自我保護的本能」。全世界主要經濟國家的物價目標，大部分是年平均2％；韓國、美國、英國甚至連日本，都以2％為目標運作；但是在失落的30年期間，日本從來沒達成過目標。就日本的立場而言，2％是遙不可及的夢，也是長久以來的心願。在脫離長期經濟蕭條的目標之下，日本前首相安倍晉三提出安倍經濟學三支箭（寬鬆的貨幣政策、擴大財政支出、結構性經濟改革與成長策略），結果還是差強人意，沒有成功振興經濟、帶動物價上漲。

預料外的新冠肺炎疫情危機之後，全世界都在增加流動性，加上烏俄戰爭引發能源價格飆漲，美中對立引起供應鏈結構重組，2022年11月日本的消費者物價終於上漲3.7％，來到近40年最高紀錄。3.7％對日本雖然是非常罕見的高物價上漲，對照美國或歐洲，根本不到一半的水準。對於日本為了達成物價目標而不敢調升利率的論點，這成為非常有說服力的根據。雖然日本的物價終於超越夢想中的數字，還是不能高興得太早。因為日本這次物價上漲，不是經濟市場的消費與投資所造成。在經濟成長過程，物價逐漸上漲值得慶祝，但是烏俄戰爭、美中競爭等外部突發變數，隨時都有可能改變。

# 被國債利息壓到無法喘息的日本政府

　　日本政府無法輕易決定調升利率的另一個原因是國債利息壓力。長期實施殖利率曲線控制政策，讓日本銀行持有的國債幾乎接近所有國債的一半，特定種類更高達90％。如果國債的殖利率上升，日本銀行的虧損會像滾雪球般的增加。《經濟學人》（*The Economist*）期刊預估，2023年1月如果日本的殖利率增加0.25個百分點，GDP會因此減少1.4％。

　　日本政府的負債很高，但是家計部門的負債很低。日本政府負債超過GDP的260％，在主要國家之中政府的負債最高，但是日本家計部門的負債僅67％，與韓國剛好相反。韓國政府負債約占GDP的40％，屬於良好狀況，但是家計部門的負債超過100％。日本政府的預算有8％用來支付國債利息，只要利率上升0.25％，就會讓2023年支付利息的預算達到10％。日本在很久之前就進入超高齡社會，社會福利預算持續增加，如果國家負債的利息超過預算10％，會影響到財政運作。2023年日本預算是114兆3,812日圓（約合新台幣25兆元），其中用來償還債務的費用占14.6％、利息費用約7.4％，光是這兩項支出加起來就占總預算的22.1％。

　　2022年12月日本10年期國債殖利率變動幅度上限提高到0.5％，大概為當時預測利率會上升的市場參與者帶來不少獲利。這些人認定日本銀行如果不升息，就會撐不下去，依此決定投資方向。日本銀行在2023年1月12日及13日兩天之內，買入高達9兆5,000億日圓的國債。因為日本債券市場在0.50％的利率上限一直遭受攻擊，日本銀行必須使出渾身

解數買入債券防禦。全球市場密切關注日本銀行2023年1月18日召開金融政策決定會議的結果。因為2022年12月底日本放寬10年期國債利率上限成為導火線，導致日本銀行必須緊縮，甚至不排除放棄超寬鬆的貨幣政策。但是日本銀行出乎各界預料，宣布維持原本的貨幣政策，日圓價格立刻開始下跌，這會讓先前賣空的投機勢力嘗到苦頭。

日本與美國的利率差用日本的短期利率（-0.10％）與美國的政策利率（5.25％）比較時，相差5.35個百分點。2022年日本消費者物價上漲率是3％，2022年7月美國是9.1％、12月是6.5％。就算比較兩國的消費者物價上漲率，利率差也還是很大。國際資金移動通常是從利率低的地方往高處跑，就算短期資金沒有移動，長期還是有這種傾向。如果從現在日本與美國的利率差來看，極有可能吸引投資人藉由低利率的日圓買入美元，或者賣出日圓改持有美元。日本國債一定是用日圓標價，主要也在日本國內交易。如果日本的基準利率持續維持在低水準，會讓資金往利率高的美國、歐洲移動，使日本國債的需求減少，威脅到維持低利率的超寬鬆貨幣政策。

不僅如此，美國與日本的利率差如果讓1美元兌日圓的匯率上升、日圓貶值，以日圓標價的國債就會變得沒有價值。是否如一般市場認為，日本銀行的超寬鬆貨幣政策必須逐漸緊縮，或者日本的「撐下去」策略最後會成功，這部分還有待觀察。市場參與者與日本銀行的對決存在幾項變數，其中，美國聯準會的升息仍然是最大變數。不論美國維持升息到2023年底，或者提前停止升息，如果美國的利率在2023年都維持高於5％，這會成為日本的最大壓力。只要國際投機勢力突然聚集在一

起，就有可能引發大規模混亂。如果美國的通貨膨脹受到控制，聯準會不再繼續調升利率，美國就會成為日本實施貨幣政策的助力。

　　如果將利率運作的方式拆解來看，繞一圈最後還是回到美國聯準會的決策。面對美元身為國際儲備貨幣以及在金融霸權的威力，不論躲在世界哪一個角落，都逃避不了。

# 第 7 章

# 資產市場與利率

# 31 資產價值隨著利率有漲有跌

　　有一種蘋果樹，每年都會長出10顆蘋果，這棵蘋果樹的價值是多少呢？沒有經濟學概念的人，大概會用蘋果樹的外觀估價，有經濟學知識的人，則會看樹上結的蘋果估價。假設1顆蘋果的價值是1元，這棵蘋果樹每年都會產生10元的價值。這棵樹的價值是每年都會增加10元嗎？當然不是。如同這本書一開始就提到的概念，未來10元的價值與現在10元的價值不同。因為人比較喜歡現在，所以未來的蘋果價值換算成現在的價值時，應該給予適當的折現率。扮演折現率角色的就是利率。假設利率是10%，1年後10顆蘋果的價值是9.09元〔10÷（1＋0.1）〕。用相同的方式計算2年後10顆蘋果的價值是8.3元〔10÷（1＋0.1）$^2$〕，3年後10顆蘋果的價值是7.5元，10年後10顆蘋果的價值是3.9元，20年後10顆蘋果的價值是1.5元，以此類推。假設這棵樹永遠都能維持每年長10顆蘋果，以這種方式計算可以發現，這棵蘋果樹的價值大約是100元。

　　從經濟學的概念來看，蘋果樹不是看樹木本身的價值，而是看長出來的蘋果價值。如果利率上升，這顆蘋果樹的價值會怎麼改變呢？利率

上升，表示未來的蘋果必須套用更高的折現率。假設利率上升到20％，
1年後10顆蘋果的價值是10÷（1＋0.2）＝8.3元。依照前面的方式計
算，可算出當利率為20％，5年後10顆蘋果的價值是4元，10年後10顆
蘋果的價值是1.6元，20年後10顆蘋果的價值是0.3元，以此類推。假
如每顆蘋果的價錢變成2元，結果又會如何？以相同方式計算，假設蘋
果的價值變成2元，當利率是10％，蘋果樹的價值是200元；當利率是
20％，蘋果樹的價值是100元。換句話說，蘋果的價格上漲，會讓蘋果
樹的價值提高，利率上漲則會讓蘋果樹的價值減少。

〔 **資產價值計算方式** 〕

R＝市場利率（折現率）
現金流量＝股利、租金等

　　計算資產價值的時候，不是看資產本身，應該要看資產可以產生多
少利益。股票的資產價值，是看企業創造的獲利有多少能分給股東，而
非企業本身。房屋的價值應該看出租的時候，每年或每個月能收到多少

租金，而非建築物本身。在前面蘋果樹的例子之中，利率（折現率）上升會造成資產價值減少，價格上升會讓資產價值增加。股票分配的股利如果增加，股價會上漲，就算物價上漲，股價也是上漲。房地產的租金如果上漲，房地產的價格上漲，就算是在物價上漲期間，房地產的價格也是上漲。但是如果上漲的是利率，股價、房地產價格都會下跌。

　　利率低的時候，如果資產的買氣過熱，很容易發生泡沫化，造成利率上升，資產價格下跌。不論是國家或地區，如果發生資產價格暴跌，就會引發金融危機，如果危機往全世界擴散，就會帶來全球性的危機。2008年美國的次級房貸事件就是代表性的例子，後來引發全球金融海嘯。當時美國長期維持在低利率，造成住宅貸款發放過度寬鬆，成為引發房地產泡沫化的直接原因。當時如果中央銀行能搶先一步調升利率，就能利用景氣軟著陸（soft landing）使資產價格趨於穩定。因此，中央銀行的利率政策，在資產市場扮演非常重要的角色。

# 32 股票市場與利率

　　股價在利率上升期間通常會下跌，在利率下降期間通常會上升。因為股票市場是即時交易，會立即受國內外利率影響。判斷一家公司的企業價值有很多種方法，其中一種是將未來的現金流量換算成現在的價值。把這裡計算出的公司價值除以公司發行的股數，得到的金額就是股價。未來的現金流量可以看成公司每年可創造的業績（例如：淨利），選定一段期間分別換算成現在價值加總之後，就可以得到公司現在的企業價值。把未來的現金流量換算成現在價值的時候，會需要用到折現率，折現率可簡單用市場利率帶入，計算出大概的企業價值。如果要用經過驗證的理論計算企業價值，可以採用加權平均資本成本（WACC，weighted average cost of capital）。加權平均資本成本是一種複雜的計算方式，考慮到公司持有的資產與負債，會受市場利率與股票獲利率影響，且市場利率是重要變數。

　　就算是相同金額的未來現金流量，因為不同利率，現在的價值也會有很大差異。計算時如果採用的利率很高，會讓現在價值更少，如果利率很低，會讓現在的價值增加。將這樣算出的企業價值除以發行股數，就能算出每1股的股價。依照這種方式推算，理論上，利率高的時候股

價會下跌，利率低的時候股價會上漲。作為折現率的利率愈低，且在預測期間內，愈快賺愈多錢的公司，企業的現值愈高。利用預估未來業績換算成現在價值，評估企業價值的方式稱為現金流量折現法（DCF，discounted cash flow）。

其他評估企業價值的方法還有本益比（PE，price-to-earnings ratio）、企業價值倍數（EV/EBITDA）等，這些經常被用在企業購併時的價值計算。股票分析師非常重視企業的本益比。如果現金流量折現法是將未來的業績提前拿到現在的計算方式，廣泛被用在股票市場的本益比，就是拿以前的業績（淨利）評估企業價值。

公布在證券公司買賣網站的本益比資料，是投資股票的重要財務指標，利用前一個會計年度的本期淨利進行計算。將企業的本期淨利除以股價，可算出每股盈餘（EPS，earnings per share），如果拿每股盈餘跟現在的股價相比，就能知道比例關係。換句話說，把股價除以每股盈餘，就能算出本益比；把每股盈餘乘以本益比，就能推算出股價。以三星電子（Samsung Electronics）為例說明。2023年3月有證券公司發布的報告提到，依照2021年業績資料計算，三星電子的每股盈餘是5,777韓元，年底收盤價是78,300韓元，本益比有13.6倍；依照2022年業績資料算出的每股盈餘是8,057韓元，年底收盤價是55,300韓元，本益比是6.9倍。如果本益比跟主要競爭對手、國外同業相比來得低，可以看做是低估，分析師就會將三星電子放入推薦名單。事先推測未來的每季或每年業績，拿來與所屬產業平均本益比比較，也可以預測股價。

企業藉由銷售商品與服務創造營業利益，扣除銷售管理成本、薪

資、利息等費用,再加上營業外收入,就是本期淨利。如果企業有向金融機構貸款進行設備投資或作為營運資金,獲利性會因為利率改變。當利率上升,企業的獲利性降低,當利率下降,企業的獲利性增加。因此就算用本益比計算股價,利率也還是會影響企業獲利。

分析師常用的重要財務指標之一是股東權益報酬率(ROE,return on equity),顯示公司持有的業主資本是否被有效運用,可以衡量投入資本與盈餘創造獲利的程度。如果股東權益報酬率高,表示公司的獲利性佳;股東權益報酬率低,表示公司的獲利性差。不過一家公司如果只靠業主資本做生意,雖然穩定性很高,但是發展性就會相對低。因為如果想讓公司發展茁壯,應該也要對外籌措資金來進行投資。舉例來說:假設某公司向銀行申請貸款的利率是5%,發行公司債的利率是6%,股東權益報酬率是10%。當股東權益報酬率高於貸款利率與發行公司債的利率,對該公司利用外部資金來擴張事業會比較有利。

## 利率對科技股與價值股的影響

如果把股票分為科技股與價值股,會發現在利率上升期間,科技股受影響的情況較多。科技股有資通訊企業、科技巨擘、金融科技、人工智慧等,是市場上認為未來具有高成長力的公司。跟價值股相比,科技股的穩定獲利基礎較弱,公司在擴大投資的過程,向外部借款的比例較高。因此如果利率上升,科技股在金融方面的成本壓力較大。而且在利率上升期間,市場容易發生景氣衰退或蕭條,造成企業的營收下滑、營

運規模縮減。因此，如果被歸類為科技股，在利率上升期間，股價的跌幅可能相對大。

　　利率和股價不一定都是反向變動。在景氣慢慢進入繁榮的時候，利率上升，股價也上升的情況經常發生。當投資需求強，景氣預期樂觀時，利率上升就是對投資人亮綠燈。但是如果景氣逐漸達到繁榮的頂峰，發生通貨膨脹，中央銀行為了降低通貨膨脹而宣布調升基準利率，就會讓資產市場降溫。

　　觀察20年或30年的股價指數變化，可以發現一國的股價指數走向幾乎和經濟成長率的變化相同。影響經濟變化的是企業，企業發展之後接受評價的地方是股票市場，外國人購買韓國企業的股票，等於買了韓

## 〔 韓國歷年的經濟成長率與股價上漲率 〕

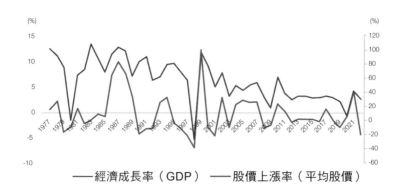

國的價值。由韓國金融監督院公布的資料顯示，2023年5月在韓國交易所（KRX，Korea Exchange）上市的股票之中，外國人的持有比率（以總市值為基準）為27.1％，已經低於30％，外國人持有上市債券的比率為9.7％。

中央銀行如果調升基準利率，投資人會將升息看成訊號，在市場利率上升的同時，股票市場也會颳起寒風。當投資人認為基準利率可能會上升或下降，股票市場有時候也會「先有動作」。因為股票市場的資訊傳遞速度很快，投資人會猜測利率的變動方向與變動時間。

## 利率飆升與新創企業

如果利率在短期間內大幅上升，最受影響的就是新創企業。才創業沒幾年的新創企業，幾乎很少能夠賺錢，所以也很難向銀行申請貸款。因為公司的信用評估不易，資產負債表不健全，損益表上幾乎都是負債，沒辦法向金融機構取得資金。公司成立初期聘用人才、為公司行銷、研發產品與服務，都需要投入大筆資金，自有資金不足是當然的事。因此新創企業取得資金的方式不是去金融機構申請貸款，而是採取股權投資。風險投資（venture capital，創投）公司是專門對新創企業投資的金融機構。對新創企業提供資金是極度高風險的投資方式，相對於房地產、債券市場與股票市場，由風險投資公司發起對新創企業進行的投資，風險程度最高。

過去四五年間，韓國掀起一股創業狂熱，甚至被稱為創業潮。新創

企業爭取中央與地方政府支持，也有大企業參與，或者吸引風險投資與天使投資人，投資氣氛極為熱絡。如果剛創業的公司代表被認為很有能力，研發團隊陣容堅強，一般投資人連在種子輪（seed round）階段都很難加入。來看一個實際案例：曾有一家新創企業成立2年後開發出服務平台，每個月可創造約1千萬韓元營收，開始對外募集資金。這間公司的企業價值被認定有150億韓元，獲得2個風險投資與2名投資人投資約20億韓元。2022年這家公司為了獲得更多投資，開始尋找新的投資者，卻得到應該先取得原本投資人同意後，再來邀約新投資的答案。這段期間新創企業投資市場已經降溫，美國升息與韓國銀行宣布調升基準利率，如同對風險投資市場投下炸彈。

　　為何大家對新創企業的投資這麼快就降溫？因為利率上升最脆弱的一環就是新創企業。假設定期存款利率約1%，就算把錢放在銀行，如果考慮到通貨膨脹，1%的利率幾乎跟負利率沒什麼兩樣。股市投資人光投資國內股市還不夠，也會投資美國股市，近來投資海外股票的散戶也增加。這些投資人如果更積極一點，還會到處打聽，對「未上市股票」也進行投資。有「賠本也無所謂」這種想法的大膽投資人會拿出一部分資產對新創企業投資，並且願意長期等待。但是市場利率上升之後，定存利率變成在5%上下，就算不從事高風險投資也能獲得高利息。雖然物價上漲率是一個變數，不過名目利率本身就是一個判斷投資的重要標準，讓從事高風險投資的誘因消失。

　　未來風險投資業界可能也會「篩選」新創企業。過去的10年內，曾經在第二波創業潮被捧上天的新創企業代表，現在體會到世態炎涼。如

果能撐過這段期間，就能「踩著戰友的屍體」、跨過已消失的同業，成為更上一層樓的企業。

　　錢雖然沒被掛上追蹤器，不過還是像有心電感應，會自己悄悄地朝有錢的地方聚集。

# 33 房地產市場與利率

　　住宅、建築物、土地是代表性的房地產資產。以個人的立場而言，買一間屬於自己的房子是許多人一輩子的夢想，住宅在個人的資產價值之中，所占比例也是最高。社區大樓式的住宅在韓國很受歡迎，這種住宅的房價可算是全民關心的問題。理論上，房地產可獲得的利益 —— 租金，比房地產本身對房價的影響更多。如果蘋果樹是住宅，租金就相當於蘋果樹長出來的蘋果。因此計算房地產價值的時候，相對於房地產本身的價格，每個月能收到多少房租更為重要。因為房地產的價格會依照租金不同而有差異。全租[12]是韓國房地產特有的租賃方式，房東如果將全租保證金當作本金拿到銀行儲蓄，這筆錢產生的利息收入就相當於房租。

　　房地產租金會因為市場利率有價值起伏。如果利率下降，租金的價值增加，資產價值也跟著提高；如果利率上升，租金的價值減少，資

---

⑫ 譯註：房客一次付給房東一大筆押金，換取使用該房屋的權利，金額通常很接近房屋價值。合約期間除了水電費等生活開支，房客無須再繳交其他租屋費用，退租時才能無息拿回押金。房東則可利用這筆押金從事理財活動，賺得的錢即為房租。

產價值也跟著減少，租金價值依照利率變化有所增減。房地產市場也會因為短期市場利率產生變化，不過從長期趨勢來看，長期利率對房地產市場的影響較大。月租與長租的租賃車市場容易受長短期利率影響，房地產買賣則因為成交金額高、持有時間長，會受利率、需求與供給、金融、稅制等多種因素影響。買屋時如果有申請住宅擔保貸款，選擇採用本金分期付款，貸款期間可能長達30年，因此利率變動會影響房地產市場價格。

實際上，社區大樓、獨棟公寓、住商混合大樓的月租金或週租金，都會因為利率而有高有低。如果利率上升，租金會變貴，利率下降，租金也會變便宜。屋主收到的月租金大約占房屋價格多少比例，就是租金收益率。假設其他條件都相同，屋主擁有的房地產如同定期存款的本金，租金收益率就是存款利率，租金收益率會受利息影響。

對屋主而言，雖然想把利息成本轉嫁到房屋的租金上，實行上有許多限制。首先是一般的租屋契約大約都是一到兩年或更長時間，這段期間如果利率發生變動，屋主無法立刻調漲房租，就會出現一段時間上的落差。而且住宅或商圈的租金突然上漲，會使承租人的居住負擔增加，中央或地方政府可能會規定租金上漲率的上限，或保障承租期間。此外，房地產市場上的物件供需也會影響租金。如果某個區域有新住宅或新的住商混合大樓完工，開始接受民眾入住，市場上會因為供給增加，抑制原本的租金上漲。雖然如此，如果利率長期維持上升趨勢，最後租金還是會跟著上漲。舉例來說：某甲有一棟10億韓元的社區大樓正在出租，假設這棟房子是某甲申請10億韓元住宅擔保貸款買來的，利率上升

會使某甲的利息負擔增加，他就會想提高租金。

## 影響房地產價格的各種因素

月租應該是全世界房地產租賃都有的基本方式。韓國有獨特的全租制度對外國人相當陌生。全租是房東和房客私底下簽訂的租賃契約，沒有計入家計負債。站在承租人的立場，全租的租金是一筆負債，對出租人而言，則是增加一筆資產。現在有人主張，全租租金應該計入廣義的家計負債。因為在計算房地產金融的整體規模時，應該也要包含全租的金額。

在韓國的房地產市場，選擇月租的人雖然有增加趨勢，目前還是以全租簽約的人比較多。不過依照屋主與租客的需求，現在也有半全租的簽約方式，例如：全租保證金是5億韓元，其中4億韓元以全租的方式簽約，剩下的1億韓元改為月租繳交。這裡全租月租轉換率可以反映市場利率，類似加碼利率的概念。在利率上升期間，半全租與月租的需求會增加。此外，最近也有愈來愈多租金是採取每週繳納。因為一次要拿出一大筆全租保證金很不容易，就算租屋人向銀行申請全租信用貸款，貸款產生的利息壓力也很可觀。

租屋市場受利率影響很大，房地產買賣的價格會由很多因素決定，不過利率依然是影響房地產買賣的重要變數。不過就在幾年前，全世界還處在基準利率非常低、幾乎零利率的時候。現金是低利率時代最沒價值的資產，如果再加上通貨膨脹，光是持有現金就是虧本。這時如果買

一間房子放著，可以和通貨膨脹互相抵銷。

在韓國的住宅之中，社區大樓的比例幾乎超過一半。大規模的社區大樓主要銷售特定坪數房屋，實際交易價格、出價、市場氣氛等，會讓價格起伏。在房地產市場上，社區大樓建案如同每股價格高達上億韓元的股票在股票市場上市。由於建案價格已經被區域及坪數標準化，要成交並不容易。舉例來說：銀馬社區（Eunma Apartment）與狎鷗亭的現代社區屬於同一種類型，是依照坪數在房地產交易所上市。一般作為國民住宅的25.7坪（85平方公尺）社區大樓，在平面、結構、學區、交通條件非常類似。如果有一兩戶社區大樓成交，對整個社區的價格也會有所影響，這和股市買賣差不多。如果屋主急著賣，成交價比以往低很多，就會像在股票市場的「內盤價」，讓這個區域的整體房地產價格下跌。

房地產價格容易受政策與法規影響。交易熱絡的時候，買賣、預售、市價、金融等方面的法規通常會比較嚴格；交易冷清的時候，政府為了拯救房地產市場，則會鬆綁規範、降低稅收或增加金融支援。但是政府的政策經常慢半拍，明明市場已經交易熱絡，法令鬆綁的政策還持續進行，不然就是房市已經進入不景氣，嚴格的規範還未調整。這種政策上的時差會引發問題。

新冠肺炎疫情之後，2021年韓國總人口減少，2022年出生率為0.78。低出生率如果變成一種常態，也會影響長期的住宅需求。不過人口結構改變是長期且非常緩慢，現在還不會立刻造成影響。如果是由國內外因素引起的物價上漲持續，會使房屋建造的成本增加，抑制住宅供給。

房價的低點在哪裡、應該何時出手買房……等，購屋需求者的煩惱很多。房地產價格的變動方向，基本上會與利率上升幅度及上升速度有關。未來美國聯準會的政策利率如何調整，會決定房價的大方向。如果美國持續升息，韓國的利率有很長時間維持在5％左右，全租的房價可能會繼續下跌。萬一買賣成交價格持續下跌，全租的房價可能下跌更多。

## 樓梯公寓適當的租金收益率是多少？

「造物主之上還有屋主」這句玩笑話曾經在韓國很流行。退休的上班族或自己當老闆的人，如果能買下一棟屬於自己的房子，簡直就是人生勝利組。因此這幾年，中小型建築物 —— 樓梯公寓的房價大幅上漲，就算不位在江南或熱門的蛋黃區，甚至只是在後街窄巷，成交價也相當驚人。成交價會變高，主要是民眾預期未來價格還有上漲空間，也沒考慮空屋率與租金問題。在房地產仲介的眼裡，屋主市場與承租人市場各自獨立，房仲業者認為，如果想成為屋主，必須把眼光放在房地產價格上漲可獲得的利益，不能只看租金。

如果樓梯公寓或商業用建築物的買賣是正常成交，以租金收益率作為衡量價值最重要的標準才合理。如果拿建築物價格作為衡量價值的標準，租金收益率就等於定期存款利率，萬一屋主買房時有申請貸款，還得反映貸款利率。過去幾年內，首爾的租金收益率平均大約是2％至3％，屬於偏低水準。新冠肺炎疫情造成的空屋率提高，民眾的餐飲外送需求增加，餐飲店店面的出租坪數有縮減的趨勢。

　　中小型樓梯公寓跟社區大樓不一樣，可以看成是在房地產市場的未上市股票。每棟房子都有不同的條件，完全無法標準化，不論是結構、區域、坐向、樓層等，通通都不一樣，很難計算價格，買賣也不容易成交。因此要計算中小型樓梯公寓等商業用建築物的價值時，最重要的標準是租金收益率。

　　租金收益率可看成是住商混合大樓、店面等商業用建築物的內在利率。舉例來說：總價100億韓元的大樓，屋主有50億韓元是向銀行貸款，如果租金收益率能有4％至5％，就足夠用來償還銀行的貸款利息。萬一空房率高，租金收益率只有2％至3％，屋主要繼續持有這棟大樓就不太容易。最近這幾年不正常的交易雖然增加，未來商業用建築物的買賣過程，應該會更看重租金、現金流量等利率因素，而不是建築物價格上漲產生的買賣利差。如果依照原則進行的房地產投資可以回到正軌，這是值得讚許的事。

# 34 加密貨幣是否開啟利率的未來？

　　加密貨幣到底是資產還是貨幣，是一個爭論已久的問題，在韓國被歸類為數位資產。因為加密貨幣的變動性太大，也不容易作為交換手段，因此不適合當作貨幣，但是由比特幣（Bitcoin）開始的加密貨幣生態圈，依然有許多計畫正在進行，朝去中心化金融（DeFi，decentralized finance）、非同質化代幣（NFT，non-fungible token）、元宇宙（metaverse）擴張。既然如此，在新登場的加密貨幣生態圈裡，能開啟利率的未來嗎？在加密貨幣的世界，利率是如何運作？如果要先說結果，在加密貨幣的市場上，決定利率的方式與利率運作的機制，都跟原本傳統的金融圈有很大不同。

　　在區塊鏈（blockchain）技術為基礎的加密貨幣世界裡，基本上不可能發生通貨膨脹。以2009年問世的比特幣為例，發行量限制為2,100萬個，這些數量全部發行後，不會再有新增的比特幣，所以不會有造成通貨膨脹的原因。反倒必須擔心的是，如果既有的發行數量固定或減少，是不是會發生通貨緊縮。不會發生通貨膨脹的意思表示，在加密貨幣運

作的金融市場上，名目利率與實質利率相同。在傳統金融市場上，實質利率由名目利率減去物價上漲率推估。如果沒有通貨膨脹，實質利率就會與名目利率相等，發生通貨緊縮則會使實質利率比名目利率高。

　　此外，加密貨幣標榜去中心化金融，政府或中央銀行無法從中介入，一切依照電腦程式編碼的結果運作，中間沒有任何媒介可以插手的餘地。在加密貨幣生態圈裡，利率在電腦編碼過程自動決定，與傳統金融圈的體系完全不同。區塊鏈的分散式帳本技術（DLT，distributed ledger technology）依照去中心化金融的概念，由電腦程式取代銀行、證券、保險這類的金融機構。保管加密貨幣的電子錢包如同銀行帳戶，加密貨幣利用 MetaMask、Coinbase 等平台移動或連結。

# DeFi 世界的「金融平等」與風險

　　在加密貨幣生態圈裡，金融服務主要透過 DeFi 計畫運作。DeFi 是從去中心化金融（decentralized finance）縮寫而來的用語，經由以太坊（Ethereum）的智慧型合約（smart contract）登場。傳統上，個人如果要向銀行貸款，必須向銀行提出申請，經過信用審查之後，才會決定利率與期間等條件。DeFi 不用經過銀行（中間人），想貸款的人進入網站後，從公告的條件直接選擇，就能獲得貸款。

　　DeFi 運作的核心是智慧型合約，所有協議條件都會寫在智慧型合約裡，符合的條件會自動執行，或隨著時間經過自動生效，手續費以加密貨幣收取，並且依照即時波動的價格支付利息。因為 DeFi 的運作很難相

互確認身分，Defi貸款只限於擔保貸款，利用有加密貨幣與法定貨幣性質的穩定幣（stablecoin）當作擔保，不能進行信用貸款。由於不需要評估個人信用，不論信用好或信用差的人，選擇相同服務，採用的利率都會相同。相對於傳統金融圈裡，對信用不同的人採用不同利率，把這種「金融歧視」視為理所當然，在DeFi金融圈裡，某種程度實現了金融包容或「金融公平」。

在DeFi計畫領域，Compound Labs公司讓多種加密貨幣與穩定幣相互連結，推出儲值與貸款功能。Compound是一種儲蓄帳戶，因為在虛擬貨幣交易所Coinbase推出COMP幣上市而掀起風潮。這個領域的虛擬貨幣還有MakerDAO的DAI幣與Aave幣等。在以太坊為基礎的Compound平台上，能使用以太幣（Ether）、DAI、USDC、USTD等多種加密貨幣，利用這些加密貨幣讓流動性池（liquidity pool）配對，連接儲值與借貸。用戶如果對流動性池提供資產，可以獲得利息；申請貸款則必須支付利息。若想使用Compound貸款，可以在行動裝置上安裝App軟體，或者從電腦版的網頁進入，連上已持有的加密貨幣錢包，經過幾個簡單步驟就能立刻完成申請。Aave貸款平台有多種加密貨幣，可以自由選擇要固定利率或機動利率，也能互相轉換。貸款需求多的時候利率上升，需求低的時候利率下降。

在貸款平台裡，如果擔保價值突然暴跌，只要達到事先擬定的條件，就會自動進入清算程序。這裡的清算跟強制還債沒有什麼不同，只是不會因為債務人不履行債務，就被貼上信用不良的標籤，也不會有討債公司屢屢上門找碴要債。如同前面說的，在就是在電腦程式裡，處分

作為擔保的資產而已。

　　全世界大約有17億人口沒有銀行帳戶，如同全世界約有25％的人口處於金融三不管地帶。以區塊鏈為基礎的去中心化金融，就算沒有銀行帳戶，只要有智慧型手機與電子錢包，任何人都可以使用。DeFi貸款將每個人的信用視為相同水準，提供沒有歧視的金融服務，缺點則是難以進行信用貸款。而且如果發生問題，用戶會求救無門，也沒有能受理案件的客服中心，必須完全放棄消費者保護的部分。智慧型合約等電腦程式如果當機或發生錯誤，也會無法即時交易。加上作為擔保的加密貨幣如果價格暴跌，用戶就有被清算的風險，遭受龐大損失。因此，用戶在管理電子錢包等方面必須自行負責。有心人士利用這個盲點從事加密貨幣詐騙的事件層出不窮，許多人不清楚計畫內容或交易內容而上當，必須多加注意這樣的事件。

　　DeFi金融服務在進入虛擬資產熊市 ——「幣圈凜冬」（crypto winter）之後規模縮小。不過如果實質使用者與參與者持續增加，應該會對傳統金融圈造成不小的影響。比特幣的誕生背景是全球金融海嘯之後，市場上對傳統金融圈的反抗。當時「占領華爾街」（Occupy Wallstreet）的口號現在還記憶猶新，全世界各個國家對傳統金融圈依然有很多不滿。虛擬資產世界面臨的課題是，虛擬資產世界的生態圈擴張及進步應該持續，開發者與投資者應該增加，也要有資金從傳統金融圈流入。目前為止，外界對區塊鏈的技術雖然表示肯定，但對加密貨幣的態度依然是半信半疑居多。另一方面，傳統金融圈參與加密貨幣領域、在商品與服務計畫採用區塊鏈技術，與專業公司合作的案例逐漸增加。DeFi等加密貨幣領

域與傳統金融圈的融合，一點一滴正在進行。

　　經濟學家米爾頓・傅利曼（Milton Friedman）在《貨幣經濟學》（*Money Mischief: Episode in History*）一書的序中寫到：「連結兩個交易的東西被稱為貨幣，歷史上從石頭到羽毛、煙草、貝殼、銅、銀、黃金、紙張，然後是會計帳簿裡的項目，貨幣曾經有過很多種物理型態。誰知道未來的貨幣會化身成什麼樣子？會是電腦的位元組嗎？」這段洋洋灑灑的文字預言了加密貨幣。現在登場的加密貨幣是結合貨幣與科技，一種完全嶄新的創意產物。在虛擬資產的世界裡，虛擬貨幣會不會開啟新的利率時代？

# 第 8 章

# 生活中的利率

# 35 月薪與利率

　　許多人迷迷糊糊地活在利率的世界裡。生活周遭不管走到哪裡都有利率，股票、債券、房地產等資產市場跟利率有關比較不令人意外，其實在一些看來無關的地方也一樣有利率存在。要說我們一直在跟利率打交道，一點也不誇張。下面一起來看看幾個例子。

## 月薪、週薪、時薪，哪種領薪制度對你比較有利？

　　上班族領到的月薪價值也會因為利率有所變化。假設月薪是500萬韓元，用1年期定期存款利率計算，可以看出利率的影響有多大。當定期存款利率是年利率1%的時候，500萬韓元大約是在銀行存放50億韓元才能得到的利息（暫時不考慮稅金）。假如定期存款的利率上升到5%，大約只要在銀行存放10億韓元，每個月就能得到500萬韓元利息。以公司發薪而言，公司每個月給固定薪水，利率上升如同月薪的價值減少。我們可以改用另外一個方式思考，假設現在得到的月薪500萬韓元是1年後得到金額的現在價值，利率為1%的月薪會比利率上升到5%的月薪更有價值。因為利率相當於折現率，如果採用較高的折現率，將來獲得的

錢在現在的價值會減少。

這麼說來，如果用週薪或時薪取代月薪，情況會有不一樣嗎？有一些美國公司會每週發薪，職業運動選手講定的年薪也是分成每個星期領。如果原本是每個月底發薪500萬韓元，現在可以改成分為四次每個星期發薪，對上班族而言，哪一種方式比較有利？當然是每個星期發薪會比較有利。因為每週領薪有時間差異的概念在。如果每週都事先領薪，拿到就放在銀行儲蓄，這段期間立刻就能計息。但是如果公司決定從發月薪改成發週薪時，依照市場利率減少每星期給的金額，這樣不管是領月薪或週薪，結果都會一樣。實務上，如果公司要改變發薪水的方式，不太可能考慮市場利率去精算。依照相同邏輯，如果用時薪或日薪取代週薪，對上班族就又更有利了。只不過萬一領到週薪或日薪之後，每天立刻把錢用掉，反而會比領月薪的時候更糟。這就是當事人的問題了，不能怪罪利率。

# 信用卡、互助會、當鋪與存摺貸款

人有時候會有急用，人的一生中難免會遇到必須在期限內還利息，或臨時需要付一大筆住院費的情況。有時候想買家電、新手機、家具等耐久財，萬一錢不夠用，就必須設法籌錢。如果手上有信用卡，可以拿信用卡去預借現金或辦理信用卡貸款。在韓國，利用信用卡借款的額度大約是100萬韓元（約合新台幣2萬4,000元）或更少，緊急的時候隨手就能借，只是很少人會在使用之前先去了解利率是多少。每間發卡公司

的預借現金服務跟長期信用卡貸款（Card Loan）的利息不同，依照韓國信用金融協會（The Credit Finance Association）公布的資料，2023年6月信用卡預借現金服務（短期信用卡貸款）的手續費率是年利率4.95％至19.95％，長期信用卡貸款是4.0％至19.95％。不同發卡公司依照信用評等與條件採用不同利率，不過利率上限都是接近法律明訂的20％（約定利率上限）。

　　使用信用卡的行為就已經是在借錢。之所以會叫做信用卡，是因為金融機構依照使用者的信用，每個月提供貸款。使用者事先將錢存進卡片裡，每次結帳就扣一筆錢，這種是預付卡；結帳時直接從銀行帳戶餘額扣款的是簽帳金融卡（debit card）。由科技業者或電信業者提供的各種「○○Pay」電子支付，是連結銀行或發卡機構扣款的方式，因為交易多屬於小額，有時候電子支付業者會暫時代墊款項。發卡機構的信用部門雖然都是虧損，但是負責長期信用卡貸款或預借現金服務的金融部門能有獲利。因為金融機構通常先由信用部門作行銷，取得客戶之後，金融部門營運事業才能獲利。另一種借錢的管道是民間互助會（法律上稱為合會），互助會也有利率。假如有12人加入1年期的互助會，第一個月由發起會員（會首或會頭）或其中一名會員（會腳）得標，拿走募集到的所有會費，之後其他會員依序輪流得標。假設互助會約好每人每月固定繳納10萬韓元會費，那麼第一次得標的人會拿到比120萬韓元（10萬韓元×12）少的金額，最後一位得標的人可連同先前的利息，拿到比120萬韓元多的錢。民間互助會要順利運作，利率必須高於地方上信用合作社的存款或貸款利率。因為民間互助會是建立在個人信用的跟會活

動，會員之中如果有人避不見面或財務狀況變差，都會讓發起會員與一般會員承擔風險。互助會是民間長久以來的金融活動，現代社會已經很少見，比較會發生在商圈或傳統市場，由幾個比較熟的朋友發起。現今的印度、東南亞等地還是有許多沒有銀行帳戶的金融弱勢族群，這些地方也有類似民間互助會的私人金融活動。韓國金融電信清算中心（Korea Financial Telecommunications & Clearings Institute）的資料顯示，韓國成年人擁有銀行帳戶的比率高達98％，開發中國家僅54％，大約只有韓國的一半水準。

如果去到當鋪，就更能看到利率，而且還可能高於約定利率上限。以前會有人把金錶、金戒指、金手鍊、金擺件等有含有黃金的飾品拿去當鋪借錢，現在比較不會用這些東西典當，取而代之的是典當名牌精品、筆記型電腦、平板電腦等科技產品。

新聞偶爾會看到被非法地下金融市場收取高達幾百甚至幾千％利率的被害人。最近利率上升的幅度大，民間借貸業者要遵守約定利率上限20％的規定營業變得很困難，有不少選擇先暫時歇業。連信用卡發卡機構都已經實施到19.55％的貸款利率，民間借貸業者要用這麼高的利率取得資金營運就更困難，導致金融弱勢族群連體制內利率最高的民間借貸都無法利用，只能轉往非法營業的地下金融市場借貸。

在突然急需用錢的時候，對上班族最有利的方式是銀行的存摺貸款（信用額度）。這是銀行針對上班族提供的信用貸款，利率雖然比住宅擔保貸款高，但是又比長期信用卡貸款低。擔保貸款的利率會比信用貸款低，主要是因為有擔保品，萬一貸款人遲繳，銀行至少還可以拿回一部

分本金。因此貸款人如果能提供作為擔保品的資產，以擔保的方式申請貸款，在利率上會更有利。雖然最近這幾年利率突然大幅上升，2023年3月在韓國的存摺貸款平均利率是年利率6.4％。在金融機構之中，銀行的貸款利率之所以最低，是因為銀行可以利用存戶的存款作為資金，加上銀行的信用度高，取得資金的利率也最低。但是如果想在銀行申請信用貸款，年收入或個人的信用評等要高，才有機會通過嚴格審查。

# 36 機動利率與固定利率

　　在銀行或金融機構貸款的時候，猶豫要採用機動利率還是固定利率的煩惱很常見。通常如果預期未來利率上升，應該選擇固定利率；預期未來利率下降，就要選機動利率。但是預測利率的走向不是一件簡單的事，利率、股價、物價會怎麼變化，神明也無法給出正確答案。如果有預知這方面結果的超能力，就乾脆坐在家裡等錢從天上掉下來。

　　簡單來說，長期貸款通常會用固定利率，短期貸款採用機動利率可能會比較有利。個人如果因為購屋資金需要貸款，或企業為了進行設備投資申請貸款，因為要擬定長期資金取得計畫及還款規畫，固定利率會比較有利，可以降低貸款期間由機動利率造成的不確定性。這個時候必須考慮，是否能負擔申請貸款當下的利率水準。如果是個人申請貸款，會以所得進行評估；企業申請貸款，則會用營收、淨利、現金流量等因素衡量。如果用固定利率申請貸款，中間就想提前還清貸款，會產生一筆違約金。因為銀行籌措資金的時候，是以定期存款或發行銀行債等作為長期的資金來源，貸款人若在到期之前就提前還清債務，會使銀行的成本增加。

　　持續上升的利率壓得許多人喘不過氣，尤其對先前想盡辦法靠借

錢來買房子的人，更是一件悲劇。一兩年前韓國的房貸（住宅擔保貸款）利率大約只有3％，2023年已經上升到6％。[13] 根據韓國銀行聯合會（Korea Federation of Banks）的資料顯示，如果向五大銀行[14] 申請房貸，2023年3月初機動利率大約是COFIX（Cost of Funds Index）的5％至7.5％。COFIX是韓國的銀行取得短期資金的平均利率。有獲得韓國住宅金融公司（Korea Housing Finance Corporation）保證的2年期房貸機動利率是4.9％至7.25％，固定利率是以5年期金融債利率為準，大約在5.4％至7.4％，利率都屬於較低的水準。推測原因，可能是因為美國的利率上升幅度縮小與上升速度放慢，以及主管機關要求貸款利率不要再上升。有一點還是要再次強調，未來韓國的利率高點或升息速度，最後還是會跟著美國走。

## 存款利率與貸款利率

　　利率是金融市場上一隻看不見的手。利率的力量很強大，總在不知不覺中成就大事。利率控制著所有資金流量，不論是金融商品或資產。因此，這裡必須再次探討利率是如何決定。舉例來說：韓國五大銀行的房貸是以貸款金額作為基礎，依照風險程度附加利息，還要再加上銀行

---

[13] 編按：台灣房貸利率低於韓國，2023年8月台灣國五大銀行（台銀、合庫銀、土銀、華銀及一銀）房貸利率為2.091％。

[14] 譯註：KB國民銀行（KB Kookmin Bank）、新韓銀行（Shinhan Bank）、友利銀行（Woori Bank）、韓亞銀行（Hana Bank）、NH農協銀行（NH Bank）。

的利潤率。銀行從所有存戶取得資金，如果是一般活期存款，對存戶支付的利息（利率）會非常低，必須是定期存款或定期儲蓄存款才會有相對較高的利息。因為銀行隨時必須準備把一般活期存款還給存戶，不像定期存款與定期儲蓄存款可以用來放款，所以給的利息很低。在國外，銀行對存戶收取帳戶管理費的情況，比支付利息給存戶更常見。從前韓國也曾經多次討論銀行對存戶收取帳戶管理費的制度，但是沒有真正實施。美商花旗銀行（Citibank）雖然一度在韓國收取帳戶管理費，後來也是無疾而終。

決定貸款利率的時候，銀行一定會訂得比定期存款與定期儲蓄存款利率更高。因為定期存款與定期儲蓄存款利率是銀行取得資金的成本，加上分行運作、支付行員薪水、各種營運上的經常性支出，都會一起反映在貸款利率上。存款保險費、信用保證的保證金、技術信用保證的保證金，以及擔保貸款產生的登記成本等，如果都是由銀行支付，銀行也會把這些費用轉嫁在貸款利息上。對銀行而言，重要的變數是逾期滯納，貸款人如果發生逾期滯納或財務虧空，就算有擔保品，銀行必須進行文件審查或擔保品處分程序，對銀行而言都是損失。銀行計算利率的時候，會優先參考類似貸款商品發生逾期滯納的比率，以及因此產生的損失。貸款人的財務狀況、是否按時償還本金與利息的還款信用、貸款期間等內容，也會在計算利息時一併納入評估，這些資訊已經累積在銀行長期經營貸款業務的資料庫。銀行之間的利率價格競爭激烈，計算利率的方法與風險管理變得更加重要。2023 年初韓國的房貸逾期滯納比例還非常低，預估接下來逾期滯納比例會逐漸升高，可以預見銀行對住宅

擔保貸額外附加的利率應該會更高。銀行也是股份公司，必須對股東分紅配股、對政府繳稅，得依照這些支出以貸款利率賺取利潤。

俗話說，借錢的生意只要不虧本，就絕對能賺錢。從事金錢借貸生意最重要的是風險管理，所以必須依照信用評等採取差別利率，盡量借錢給優質客戶。即使因為採取低利率而導致獲利率較低，業者也必須概括承受。如果進入利率上升時期，所有的變數都朝較高的一邊發展，利率也就會像滾雪球一樣愈來愈高，是一種慣性原理。

申請貸款的時候，如果申請人的信用分數高，就能採用相對低的利率。想要提高自己的信用分數，就必須準時繳納信用卡帳單，應繳納的公部門費用也不可拖欠，必須在繳費期限內繳納。如果貸款人按時繳納銀行信用貸款的利息、償還本金，有時候信用分數也會上升。長期信用卡貸款與銀行的信用貸款大同小異，只不過利率偏高。最近有許多網站可以查詢自己的信用評分，YouTube 上也有許多影片教人如何提高自己的信用評分，不妨從這裡獲取知識。

## 爭取降低貸款利率，別讓權利睡著了

就在短短兩年內，貸款利率大幅上升。不論是信用貸款或擔保貸款，因為基準利率上升，讓銀行、信用卡、保險等金融機構的貸款利率接連上升，民眾的壓力倍增。如果能還清剩下的貸款實屬慶幸，萬一不得已必須維持貸款的話，應該設法找到減少每個月利息的方法。這時候可以名正言順地爭取金融機構降低利率。金融機構的網頁或商品介紹之

中，雖然沒有積極宣傳貸款人可以要求降低利率，實際上應該積極推廣這項制度。

　　韓國的《銀行法》（Banking Act）對保障貸款人可要求降低利率有明文規定，適用在儲蓄銀行、信用卡公司、保險公司等第一、二類金融機構申請的貸款。提出申請時，最重要是證明現在的還債能力已經比申請貸款時好。如果有因為升遷、換工作、取得資格證照等因素讓所得增加，或者因為資產增加或負債減少使總資產增加的話，就可以試試看申請降低利率。信用評估機構進行的個人信用評分如果有改善，金融機構同意的機會更高。由於每間銀行的規定條件不同，每個人的情況也不同，利率能降低多少得視情況而定。申請人雖然年薪增加，如果銀行原本已經採取最低利率，可能就無法再讓利率降低。申請方式可臨櫃辦理或經由銀行網頁線上申辦，除了填寫申請書之外，通常還要繳交在職證明、有記載薪資所得的所得稅申報證明文件、證明信用狀況改善的資料等。[⑮] 不過如果是申請政府提供的政策性貸款、利用存款或基金或信託做擔保的貸款、利率不因為信用評等有差別的貸款，這些就不適用爭取降低貸款利率。

　　根據韓國銀行聯合會的資料，2022年下半總共收到102萬9,000多件降低貸款利率的申請，其中有31萬6,000多件通過審核，貸款人成功爭取到利率降低。依照這項統計，銀行同意降低利率的比率約是30.6％，

---

[⑮] 編按：台灣債務人亦可向債權銀行申請債務協商以減輕還款壓力，申請條件及所需文件需洽詢各銀行。

相當於每10人有3人獲得優待。所以如果符合升遷、調薪、財產增加等條件，建議可以先提出申請，有申請就有機會。

## 保險公司的預定利率

不論是人壽保險或產物保險，投保時都會明訂理賠範圍、特殊條款、理賠金額、期滿領回金額等資訊。民眾可在評估每月應繳保費之後，決定是否投保。影響每個月保險費的因素有宣告利率、預定利率、最低保證利率等。這些因素光從字面上就可以看到利率二字，很明顯都與利率有關。

保險公司公告的宣告利率，用來計算投保人期滿領回或中途解約的解約金。宣告利率愈高，投保人繳的保險費愈低，可領回的金額愈多。韓國保險開發院（Korea Insurance Development Institute）綜合1年期定期存款利率、公司債利率、保單貸款利率等資訊，公告宣告利率。預定利率是保險公司推出商品時，預估到期滿為止可以創造多少獲利而訂出的利率。保險公司依照不同商品類別收取保費，在保險期間進行國債、公債、銀行債、公司債等各種債券投資。各家保險公司的保險商品大同小異，資金運作也很接近。保險一般是長期，保險公司會投資30年期國債等長期商品，讓保險期間能與商品配合。資產負債管理（ALM，asset and liability management）則是最基本的風險管理方式。如果保險公司的資金營運能力非常優異，預定利率提高，投保人繳的保險費就會減少。相反的，如果預定利率降低，投保人繳的保險費就會增加。

　　民眾如果加入政府的國民年金，到達規定年齡、可定期領取年金時，政府會通知可領取的金額。政府預估金額時，會受物價上漲率、年金營運收益率等因素影響。主管單位如欲提高年金的營運收益率，必須投資高利率的債券、股市或另類投資（alternative investment）商品，才能有高獲利。

　　保險或年金的投保時間原本就很長，只要有些微利率差異持續幾年，都會讓實際領取的金額變化很大。保險人繳完保險費之後，剩下的保障期間還很長，雖然國民年金、退休年金、個人年金等各種年金的設定年限不同，時間愈長，受利率影響愈大。

## 商品券的折扣率與信用評等

　　在韓國，商品券的買賣主要以百貨公司商品券與皮鞋商品券為主，這兩種商品券的價格差異很大。舉例來說：同樣是面額10萬韓元的商品券，百貨公司的商品券大約會賣9萬5,000韓元，皮鞋商品券大約8萬韓元，折扣價格高達2萬韓元。百貨公司的商品券會因為發行公司不同，價格有些許差異。消費者拿著10萬韓元的商品券到百貨公司或鞋店，店家都會視同10萬韓元，但是消費者用金錢購買商品券的時候，價格之所以出現差異，也是受到利率影響。將商品券的面額減去一部分金額買賣商品券時，面額與實際購買金額的差就稱為折扣率。這個折扣率等同於利率。

　　不同發行公司的商品券折扣不同，一點也不奇怪。如同利率是錢的

價值，商品券也可看成是一種有限定使用範圍的貨幣。雖然商品券不是法定貨幣，卻也標示著法定貨幣的價格10萬元，然而，只能在發行公司的店面或商場使用。從商品券發行到買賣商品券、使用商品券為止，可以當作現金的替代品或支付方式。商品券的折扣率依照發行公司的信用被市場決定。萬一使用商品券前，這家公司已經倒閉或停止生產，會讓商品券處於無法使用的風險，因此發行公司的信用評等是判斷商品券價值最重要的標準。發行公司的口碑、消費者的喜愛程度，也都會影響商品券的折扣率。

# 37 政策資金釋出利多，總有人負擔利率

　　韓國政府為了對青年、一般民眾、低所得家庭等弱勢階層提供金融支援，有相當多種政策性金融商品；對一人公司與中小企業也有提供資金貸款。在新冠肺炎疫情造成經濟不景氣時，韓國政府也有推出相關的政策性金融商品。由政府提供的貸款利率，會比利率最低的銀行貸款利率還低，儲蓄商品的利息計算，也會優於銀行給的利率。雖然這些政策性金融產品的利率並不符合利率運作原理，但是因為適用對象屬於社會上需要幫助的人，所以刻意給較多優待。這些優惠有些來自政府預算，有些來自銀行界發起的捐款，經由公共機構撥款。實際利率與政策性商品的利率差距，總是有人必須承擔。

## 小額生計貸款、特別有巢氏貸款

　　2023年3月底，有許多韓國民眾前往金融機構申請小額生計貸款，最高可辦理100萬韓元（約合新台幣2萬4,120元），當天就能撥款。這

項貸款的實施對象是暴露在地下錢莊高風險的弱勢族群，對這些連民間借貸公司也無法利用的民眾提供金錢借貸。申請資格必須是年所得低於3,500萬韓元（約合新台幣84萬4,200元），信用評等在底端的20％。雖然貸款利率高達15.9％，但是一開放預約，韓國庶民金融振興院的網頁與客服中心，立刻被湧入的人潮癱瘓連線。如果民眾有一些金融知識，並且按時還款，有機會讓這項貸款的年利率降到9.4％，雖然利率還是偏高，卻傳出有民眾為了辦理，甚至故意讓自己的信用分數降低，由此可見這項貸款的吸引力，同時也顯示新冠肺炎疫情之後，弱勢族群與低所得階層對資金需求的急迫性。小額生計貸款的經費來源是銀行業與韓國資產管理公司（Korea Asset Management Corporation）分別捐贈500億韓元。面對持續增加的資金需求，韓國資產管理公司旗下的國民幸福基金，超額報酬金擬接受金融業捐款。[16]

特別有巢氏貸款是韓國政府2023年初新推出的政策性貸款，在短短兩個月內收到26兆韓元申請。特別有巢氏貸款必須從原本的房屋貸款移轉過來，或者新購房屋才能申請，整合了原本的安心轉換貸款與有巢氏房屋貸款等，是固定利率的住宅金融商品。這項貸款的申請資格沒有所得條件，住宅價格最高到9億韓元都能申請。韓國住宅金融公司利用發行不動產抵押貸款證券（MBS）取得資金，在2023年4月基本利率是年利率4.05％至4.45％之際，最高提供0.8個百分點的利率優惠。與市場利率相比，住宅金融公司提供的貸款愈多就虧愈多，說穿了，特別有巢氏貸款是一項賠錢商品。但是因為住宅金融公司是金融方面的公營企業，

---

[16] 編按：台灣的金融機構如銀行、融資公司、民間代書、當鋪都有提供小額信貸。

必須代替政府對民眾提供住宅的資金支援。由於民眾對特別有巢氏貸款的需求成長，間接影響到銀行的房貸利率。[17]

## 青年希望積金與青年跳躍帳戶

　　幫助青年階層存到第一桶金的金融商品，近期在韓國很受歡迎，有青年希望積金、青年跳躍帳戶等，都是協助社會新鮮人或低所得層青年奠定經濟基礎的政策性金融商品。這些商品與銀行類似的商品相比，利率通常是銀行的兩倍，優惠程度高到不可思議，這是因為政府運用預算提供贈與或補助才得以實現。[18]

　　青年希望積金的申請資格必須是 19 歲以上至 34 歲以下，總收入低於 3,600 萬韓元（約合新台幣 86 萬 6,200 元）。在 2 年期間隨時可以增加本金，每個月最高可以存入 50 萬韓元（約合新台幣 1 萬 2,000 元）。一般銀行的定期儲蓄存款或定期存款利率大約是 4％，青年希望積金的利率連同銀行利息的免稅額度優惠，2023 年 4 月略高於 9％，是非常高的水準。使用者增加的本金第 1 年利息是 2％，第 2 年有 4％。青年跳躍帳戶從 2023 年 6 月開始實施，同樣也是高利息，最長優惠期限是 5 年。如果

---

[17]　編按：我國財政部推行的「青年安心成家購屋優惠貸款」，非由政府補貼，而是 8 家公股銀行以自有資金辦理。請參見財政部網頁：https://www.nta.gov.tw/htmlList/71

[18]　編按：台灣目前未實施施行由政府補助的青年優惠存款，而是推行「青年儲蓄帳戶」，由教育部提供參與「青年就業領航計畫」者就學、就業及創業準備金每月 5,000 元，至多 3 年 18 萬元；由勞動部提供穩定就業津貼每月 5,000 元，至多 3 年 18 萬元。請參見教育部網頁：https://www.edu.tw/1013/cp.aspx?n=875F36DB32CAF3D8&s=0D3F36CCE6B574B6

用戶每個月持續存入70萬韓元（約合新台幣1萬6,900元），期滿時大約可以存到5,000萬韓元（約合新台幣120萬元）。青年跳躍帳戶的申請對象一樣是19歲以上至34歲以下，總收入低於6,000萬韓元（約合新台幣144萬3,600元），且家庭所得低於中位數的180％，但是沒有課稅所得的無所得者不能申請。開戶後的前3年採用固定利率，後2年為機動利率。韓國政府有意與銀行協調，希望銀行對年收入低於2,400萬韓元的低所得青年，能多提供2碼（0.5個百分點）的利率優惠。

青年跳躍帳戶依照開戶人的所得水準與存入金額，由政府提供補助，依照個人所得區間予以分級，所得愈低，可獲得愈多補助。個人所得在2,400萬韓元以下的青年開戶者，每月存款上限為40萬韓元，政府補助金的補助比率是6％，亦即每個月可獲得2萬4,000韓元補助。如果每個月存入的金額高於40萬韓元，最多可存入70萬韓元，但是補助金不會增加。依照所得級距，補助金最高是6％，最低是3％（所得在6,000萬韓元以下，補助金為2萬1,000韓元）。期滿時領取的利息為免稅，但是青年希望積金與青年跳躍帳戶不可重複申請。

這種對青年階層提供支援的金融商品能獲得高利息，是因為有其他人在負擔這些額外支出的利息。換句話說，政府運用預算讓額外的利息以補助金的方式支付。韓國政府對青年跳躍帳戶計畫編列了3,678億韓元經費。利率之所以會高於市場上類似的金融商品或儲蓄利率，是因為這些支出最後會轉嫁到某些人身上。政策資金或一般民眾的支援資金通常是政府預算，偶爾會由公營的金融行庫做保證，或由銀行等金融機構提供資金。

# 38 到哪兒都躲不掉利率

　　現在幾乎每個人至少都有一支手機，而且手機不離身，是生活中最常使用的物品。買手機的過程也跟利率有關。新買手機或想換機的時候，空機價格幾乎跟家電產品一樣昂貴，如果不是一次付清，而是採取分期付款，這樣就必須繳納本金與利息。韓國的電信業者手機分期手續費大約5.9％，雖然名稱叫做分期手續費，實際上就是分期付款的利息。手機的單價愈高，分期的本金就愈高；分期的時間愈長，支付的利息就愈多。手機分期的費用大多會跟電信業者的資費方案結合，在繳納帳單的時候同時支付分期的本金與利息，利用信用卡付款或從銀行帳戶自動扣繳。因此很多時候，使用者並不清楚每個月究竟付了多少利息。2021年韓國公平交易委員會（Fair Trade Commission）曾經質疑電信業者長期維持相同的分期利率，有私下串通之嫌疑而介入調查。因為當時的基準利率很低，輿論質疑購買手機的分期利息相對高。但是電信業者以債務履約保險、手機分期付款債券買入成本、其他費用等理由，主張採行的分期利息是合理水準，否認有私下串通。

## 咖啡儲值與利率

有不少消費者為了買咖啡，會加入咖啡店推出的會員制度，把錢事先儲值在會員帳戶裡。隨著消費者不斷累積小額儲值，預付儲值卡裡的餘額愈來愈多，還沒使用的餘額就會變成幫助該公司營運的資金。那麼，咖啡儲值的利率如何運作？

2014年星巴克（Starbucks）在韓國推出行動預點服務，讓消費者可以不用到店就能點餐，開啟了咖啡的預付儲值風氣。對消費者而言，行動預點可以事先完成點餐與結帳，縮短現場的等待時間，提高點餐效率，很快就獲得大眾喜愛。對星巴克而言，原本希望事先收到款項，讓訂單更確定，逐漸變成提高顧客忠誠度的行銷手段。後來，Hollys Coffee、A Twosome Place、Ediya Coffee等連鎖咖啡店也陸續推出儲值制度，只是這幾個品牌累積的消費者儲值金額並不高。

星巴克搭配累積星禮程、升等星級等其他行銷手法，引導消費者增加儲值。支付一定金額購買的咖啡券、咖啡禮物卡，也和預付儲值是相同概念。截至2022年底，韓國星巴克有超過一千萬名會員，保有的預付儲值金高達2,983億韓元，比2021年（2,503億韓元）增加19％。星巴克利用這筆資金投資資產基礎商業本票（ABCP）。資產基礎商業本票是以應收帳款、資產擔保證券（ABS，asset backed security）、不動產抵押貸款證券等資產作為擔保品發行的商業本票。2023年4月信用評等最高的A1資產基礎商業本票，3個月的平均利率大約是4.5％，A2等級3個月的平均利率大約是9％。

消費者利用儲值小錢得到點餐的便利性，實際上是參加了完全沒有利息的「無息小額儲蓄」，這跟銀行儲蓄的差別在於，咖啡儲值是行動裝置的電子紀錄或利用卡片標註金額。星巴克利用這種方式聚沙成塔，累積到將近3,000億韓元的資金，規模龐大到相當於儲蓄銀行等第二類金融機構的水準，使資產大幅增加。預付儲值金記錄在星巴克資產負債表的貸方，是會計上的預收款項，類似金融機構收到存戶的儲蓄，必須記錄成資產負債表的負債。

但是星巴克的儲值金跟銀行等金融機構收到的存款不一樣，是「沒有壓力」的負債。除了不用支付利息，也不用遵守嚴格的金融法令規範，因此星巴克可以不受限制地運用這筆資金來獲利。換句話說，星巴克除了賣飲料賺錢，還可以利用儲值金制度賺到利息收入。2021年韓國國會曾對星巴克任意使用儲值金一事提出質疑。

## 買新車與利率

新冠肺炎疫情之後，業界發生晶片短缺，加上全球供應鏈大亂，讓買新車這件事情變得很困難。因為從下單到交車最少要等1年以上，萬一買的是熱門車款，最久甚至得等上30個月。不過在進入2023年之後，這個情況終於有所改善，熱門車款的等待時間從30個月縮短為10個月，也有一些車款簽約之後立刻就能交車。這段期間發生了什麼事？

如果用經濟學的角度來看，汽車市場的交期縮短，是因為需求與供給的變化所致。在供給方面，汽車業者的產能幾乎沒有改變，因為如

果要蓋新工廠提高產能，至少得等上三四年。不過先前由於車用晶片短缺，造成產線停擺的問題已經解決，使汽車的產量增加。2023年使交期縮短最關鍵的因素是在需求面，因為買車時的貸款利率突然變得很高。2022年初，韓國的購車分期付款利率大約在2％至3％，但是2022年底已經上升到7％。[19] 如果想要買車，除了到代理商或經銷商挑選車種與車款，決定顏色與配備，最現實的問題還是分期付款條件。在市場上，用現金買車一次付清的情況沒有想像中的多，多數人會辦理購車貸款，由賣車的業務人員說明分期方式與還款條件。由於分期金額與利率是在交車當下決定，許多人因為交車時的利率上升太多，後來決定毀約，放棄購買新車。有不少原本想換車的人，因為貸款利率上升，決定繼續使用舊車，等將來利率下降或有更新的車款上市再買。在利率大幅上升之後，中古車價格下跌，也對新車需求造成影響。

韓國的購車貸款利率之所以在短短1年內增加超過一倍，是因為經營分期付款的金融機構取得資金的利率提高。樂高樂園事件、韓國電力公司大量發行債券、房地產專案融資（project finance）失敗等，韓國的債券市場進入寒冬，專營借貸的公司債券利率飆升。因為經營分期付款的金融機構就是專營借貸的公司，無法像銀行一樣取得存戶的存款作為資金，必須自己想辦法籌資或發行債券。就連大企業只靠自己的資金運作都會面臨限制，何況是一般企業。大部分公司都是利用發行債券（信用債）取得資金。從每個月公布的整體債券發行績效來看，經營分期付

---

[19] 編按：台灣的（新車）車貸利率約在2.8％至4％。

款的金融機構債券占相當高的比例。

　　專營借貸的公司利率與信用卡公司發行的債券利率都比銀行高，是因為從行業特性與規模來看，這兩種機構的信用評等相對低。由於業者取得資金的利率高，才會讓汽車金融與長期信用卡貸款的利率跟著提高。近期買新車的需求減少，韓國的汽車業者甚至針對有意購買新車的消費者，推出連結可轉讓定期存單利率的機動利率分期付款方案，希望用優於貸款業者的條件提升銷售量。有意購車的消費者不妨參考像這樣的優惠。


## 藝術市場颳寒風，難道要怪利率？

　　曾經蓬勃發展的藝術市場最近突然遭遇寒流。先前藝術市場因為MZ世代[20] 的參與開啟新局面，如今市場買氣降到冰點，各界對原因眾說紛紜。一個國家的藝術品價值衡量與交易，大致上與該國的經濟能力成正比。中國開放以後，畫家的作品價格扶搖直上，上海、北京、香港的藝術品買賣激增。現代美術之中，美國藝術家的作品能獲得最高評價，是因為美國主導著現代藝術文化。第二次世界大戰前後，在德國與東歐等地活動的許多藝術，因為受到納粹與蘇聯的迫害移居紐約、美國，產

---

[20]　譯註：韓國稱出生在1980年代初期至2000年代初期的人為千禧世代（Millennials）、出生在1990年代中期至2000年代初期的人為Z世代（Generation Z），MZ世代是這兩者的統稱。由於這一輩現在的年齡大約是20至39歲，因此也稱為2030世代。

生了極大影響。不過最主要的原因，還是美國擁有壓倒性、世界第一的經濟能力。經濟維持高成長，富豪人數不斷增加，自然會帶動藝術文化的需求。隨著一國的國民財富（national wealth）增加，對藝術品的投資跟著增加，可稱為流動性效果。

　　韓國的藝術市場在新冠肺炎疫情之際，因為有MZ世代參與，讓市場快速膨脹。當時在首爾、釜山舉行的藝術展覽會經常人潮洶湧，有偶像團體──防彈少年團（BTS）成員RM去過的展示會也聚集人潮。藝術品團購等線上交易增加，MZ世代以全新的角色登場，並且將藝術品買賣稱為「藝術科技」（art tech），投資藝術品的熱潮可見一斑。除此之外，也有不少藉著投資虛擬貨幣賺大錢的人開始購買藝術品。

　　由韓國文化體育觀光部（Ministry of Culture, Sports and Tourism）藝術管理資訊中心（Korea Arts Management Service）統計的資料顯示，2022年韓國藝術市場規模約1兆377億韓元，比2021年增加37％。先進國家的藝術市場規模約占GDP的0.1％至0.2％，韓國只有0.02％，屬於偏低的水準。由瑞士巴爾塞藝術展（Art Basel）與瑞銀集團發行的《2022年藝術市場報告》（Art Market Report 2022）提到，韓國的藝術市場約占全球2％，繼美國、中國、英國、法國之後排名第五。

　　藝術品是獲利性高的投資標的，類似投資新創企業。與其他資產相比，屬於高風險、高獲利的投資。如果收藏尚未成名的年輕藝術家作品，將來他成功後可大賺一筆，不過如果該藝術家一直默默無聞，這個作品可能就永遠不見天日。這個時候，利率就是一個很重要的變數。因為高利率的時候，市場上對高風險投資的興趣減少，反而是在零利率或

負利率時，可以毫不猶豫地對藝術品砸下重金投資。利率上升或預期利率即將上升，購買藝術品就變成一項負擔。取得資金的利率提高，使利息負擔加重的話，失去冒險投資的必要性，反而可以改用儲蓄或購買債券，以穩定一點的方式投資。就算不申請貸款、也不從外部取得資金，完全以自己的資金購買藝術品，因為錢一樣會附帶利率，利率以相同的方式運作，這一點也無法忽視。

# 39 「保證高獲利」是金融詐騙

　　不管處在什麼時期，金融詐騙的新聞總是從未間斷，以高利率當作誘餌的投資詐騙也時有所聞。特別是那種只要加入會員，就能獲得績優股資訊，保證獲利的方式，更是老掉牙的詐騙手法。因此，只要是沒經過立案，由個人發起募集資金，承諾一定有高獲利率的股票投資，絕對可以看成是一場詐騙。

　　舉例來說，除了100％保障本金，還可以獲得10％以上的高報酬率投資，市場上幾乎沒有。「高報酬一定有高風險」是報酬率與利息的基本原理。想要有高報酬率，相對就必須承擔高風險才有可能。仔細想想看，如果沒有任何風險就有高報酬，自己借錢來投資就好，何必把大好的機會告訴別人？不論是投資行為或在金融市場，天下永遠都沒有白吃的午餐。其實就算有幕後黑手想操作股價，都不一定會成功了。就像在「丟手帕」的團康遊戲裡，參加遊戲的每個人雖然都很有信心，認為自己一定不會被鬼抓到，真正遊戲開始之後，結局通常跟原本想的不同。

　　在房地產市場承租店面的時候，如果仲介拍胸脯保證租下這間店面可以有高報酬，宣稱租金收益率遠高於實際利率，可能大都是謊言。因為有高收益率的商業用房地產，想承租的競爭者一定很多，熱門物件

的出租資訊，會同時在很多家房地產業者之間流通，詢問度絕對很高。因此，在投資的時候應該要先想一想，「這麼棒的投資機會怎麼會找上我？」仔細思考後再做決定，才不會輕易上當。

任何投資商品，必須精準掌握商品內容，確定來自合法的金融機構或領有證照的專業諮詢師。投資自己完全不懂的領域非常危險，「保障高報酬」這句話，基本上除非利率作了應有的反應，否則絕對不可能發生。如果讀了這本書之後更了解利率，應該就不會被天花亂墜的話術所動搖。

# 40 高利率下誰能獲利

　　是不是只要利率突然暴增，一定會讓大家都愁眉苦臉？才不會呢。這個世界上不管什麼事情，如果有人因此很辛苦，一定也有人因此拍手叫好。對於因為利息增加，必須勒緊褲腰帶、擔心未來日子的人，雖然替他們感到無奈，因為利率上升而樂開懷的人，其實不算少數。

　　利率上升通常對債權人有利，對債務人不利。以貸款來說，利率上升可以讓銀行的貸款利息收入增加，但是讓貸款人的利息負擔加重，個人之間的債務關係也是如此，利率上升能讓收利息的債權人受惠。此外，持有許多現金的人，也能因為利率上升得利，但是持有房地產或股市等資產的人會比較不利。因為手頭上如果有閒置資金，拿到銀行儲蓄可以獲得比較多的利息，然而利率上升卻會使房地產與股市的價格下跌。對每個月固定領取年金的人而言，利率上升使現金的現在價值提高，也是屬於受惠的一群。

　　出售房地產或股票改持有現金，可以在高利率時代獲得比較多報酬。先前有一段時間，韓國的利率很低，銀行的定期存款利率不到1％。韓國銀行最低曾將基準利率降到0.75％，讓低利率成為常態，如果再扣除稅金，民眾幾乎拿不到多少利息，要是再加上物價上漲率，實

際上根本是負利率。由於那段期間韓國的利率太低，現在對家裡放了很多現金的有錢人來說，高利率是一項利多消息。利率上升會吸引民眾拿錢去存款，儲蓄銀行、信用合作社（National Credit Union Federation of Korea）、互助金融合作社（Korean Federation of Community Credit Cooperatives）等金融機構為了吸收更多資金，可能會實施更高的存款利率。

　　先前基於各種理由，把錢藏在衣櫥或床底下的民眾，現在為了賺取高利率，會把錢存入銀行，原本銀行回收率很低的五萬韓元紙鈔，現在統統傾巢而出。依照韓國銀行的統計，每年回收作廢的五萬韓元鈔票數量持續增加，原本的回收率大約落在 10％ 至 20％，現在起應該會大為改觀。五萬韓元鈔票之所以在市場上很罕見，有一部分原因是地下經濟的規模擴大，但是長期處在零利率才是最大關鍵。韓國的信用卡使用比例在全世界名列前茅，後來又規定營業人必須開立現金收據（cash receipt），讓金融交易更透明。雖然韓元重定幣值（redenomination）的可能性不高，依然擔心這項問題的民眾，就算知道把錢放進銀行會暴露自己的所得，還是可能趁著高利率，把「藏在衣櫥的現金」拿到體制內的金融機構存放。

　　對於離開久待的職場，把退休金與平常儲蓄放在銀行，靠收利息過生活的人，高利率時代也是好消息。韓國 60 歲以上的高齡人口就業率持續升高，有部分原因是高齡貧窮率超過 40％，但是低利率造成這些人的利息收入偏低，也是導致高齡層金融所得減少的因素。領月薪的上班族大部分以月為單位從事金融活動，領到薪水之後，一部分儲蓄、一部分

還貸款利息、一部分繳保險費、一部分繳信用卡帳單。金融機構計算貸款利息、保險費也是以月為單位。如果高利率還會持續一段不算短的時間，將退休金存放在銀行的退休人員可以獲得較高利息，有助於增加每個月的金融所得。

　　對於獎學金基金會、福利基金會、文化基金會、公共基金等，屬於把資金存放在銀行、靠利息運作的機構，高利率也是好消息。零利率時代因為利息收入減少，這些機構曾經面臨發不出薪資的窘境，甚至有機構因為利息太少，連維持基本營運的費用都不夠，最後必須裁員或縮減營運規模，當然也無法發展新事業。現在利率上升，可以讓這些機構持有的資金或保留款利息增加，業務順利推行，甚至能開發新事業，幫助基金會或公共基金恢復活力。雖然利率上升讓某些人有較大負擔，不過也有一些人因此受惠。利率會經常改變，所有人都有機會輪流受惠。

# 後記

　　經濟和金融是大家生活中的必備要素，卻是無法輕易接近的領域。我跟朋友、同事或學長學弟面見時，不太會聊金融話題，就算有在銀行、保險公司、證券公司等金融圈及資本市場工作的朋友，在私人聚會場合也很少聊金融。一部分因素是自己排斥，另一部分是擔心對方排斥。

　　一般人對錢都有雙重態度，表面上看來漠不關心，跟錢保持一定距離，實際上卻很想當上包租公，期望能賺大錢過好日子，這應該是多數人的憧憬。正因為錢在大家的心中若即若離，而利率代表錢的價值，我們覺得如果大家想要懂錢，應該要先懂利率，因此決定提筆寫這本書。

　　如果能精準掌握利率，就能藉由利率的變化，看懂世界經濟與國內經濟。在寫這本書的過程，我們很想用既詳盡又淺白的方式解釋利率，不過再怎麼說明，利率都是一個既複雜又困難的主題。本書內容是否如我們希望的淺顯易懂，只能留給讀者評斷，希望讀者能透過利率，更洞悉經濟市場與全球市場。如果在閱讀過程有「啊哈！原來利率是這樣子運作啊」「美國聯準會一直升息，市場上的各種預測原來都有他的道理」「利率無聲無息地展現破壞力的時候，原來就是危機來臨時」這些想法，相信你對利率的變化與經濟市場、金融市場幾乎都懂了。

　　美國在第二次世界大戰後成為世界霸權，所有的經濟現象與危機，幾乎都跟美國決定的利率有關。一如往常，只要經歷過一次危機，權力

會偏向某一方，這時才發現，原來在錯誤的政策與反覆錯失時機的過程中，早已經出現危機警訊。利率在危機的局面雖然非常善變，如果從長遠的角度來看，利率變動還是有一致的方向，只要堅守基本原則，結果應該不至於太糟。如果清楚知道利率變化的原理，就算面對危機與誘惑也不會動搖；如果將利率作為基礎，持續累積經濟知識與金融概念，就可以建立自信心。未來不論看報紙、看電視或網路節目，出現經濟、金融方面的消息，相信你都可以了然於心。

很遺憾，韓國民眾的金融閱讀理解力排名遠不如金融競爭力。不論是學生或一般成年人，在金融方面的學習能力、教育程度、學習意願都顯不足。其實在即將成為社會新鮮人的青少年時期，學習經濟與金融的基本原理是非常重要的事情。猶太人為年滿12歲的女性、滿13歲的男性舉行成年禮，長輩會給他們一筆資金，讓他們學習「金融實戰」。在層出不窮的金融詐騙、股價操作，甚至是引發韓國嚴重社會問題的租屋保證金詐騙事件，從小培養金融知識是大家都必須面對的課題。

我們在藉由利率說明經濟與金融運作原理的過程，如果用了太難的專有名詞或邏輯太過跳躍，這完全是筆者不夠貼近讀者立場的問題，我們會虛心受教。

從規畫要寫一本書開始，到進入原稿校對、編輯、設計封面等出版流程，感謝未來之窗（Miraebook）出版社總監金盛玉（音譯）與編輯張寶拉（音譯）的鼎力相助，因為有讓讀者眼睛為之一亮的書名、章節編排與美術設計，讓本書更有可看性。

最後還是要感謝親愛的家人與辛勞的父母，體諒我們週末忙於工作而疏於陪伴，僅以這本書的出版致上最高謝意。

國家圖書館出版品預行編目(CIP)資料

一本書讀懂利率 / 趙慶燁, 盧泳佑著；陳柏蓁譯. -- 初版. --
臺北市：城邦文化事業股份有限公司商業周刊, 2023.12
　面；　公分.
譯自：세상 친절한 금리수업

ISBN 978-626-7366-35-6（平裝）

1.CST: 利率　　2.CST: 金融市場　　3.CST: 投資
562.32　　　　　　　　　　　　　　112018659

# 一本書讀懂利率

| | |
|---|---|
| 作者 | 趙慶燁、盧泳佑 |
| 譯者 | 陳柏蓁 |
| 商周集團執行長 | 郭奕伶 |
| 商業周刊出版部 | |
| 責任編輯 | 林雲 |
| 封面設計 | Bert |
| 內頁排版 | 林婕瀅 |
| 出版發行 | 城邦文化事業股份有限公司 - 商業周刊 |
| 地址 | 115020 台北市南港區昆陽街16號6樓 |
| | 電話：(02)2505-6789　傳真：(02)2503-6399 |
| 讀者服務專線 | (02)2510-8888 |
| 商周集團網站服務信箱 | mailbox@bwnet.com.tw |
| 劃撥帳號 | 50003033 |
| 戶名 | 英屬蓋曼群島商家庭傳媒股份有限公司城邦分公司 |
| 網站 | www.businessweekly.com.tw |
| 香港發行所 | 城邦（香港）出版集團有限公司 |
| | 香港灣仔駱克道193號東超商業中心1樓 |
| | 電話：（852）25086231傳真：（852）25789337 |
| | E-mail：hkcite@biznetvigator.com |
| 製版印刷 | 中原造像股份有限公司 |
| 總經銷 | 聯合發行股份有限公司 電話：（02）2917-8022 |
| 初版1刷 | 2023年12月 |
| 初版4.5刷 | 2024年 8 月 |
| 定價 | 台幣380元 |
| ISBN | 978-626-7366-35-6（平裝） |
| EISBN | 9786267366349（PDF） |
| | 9786267366332（EPUB） |

藍學堂

學習・奇趣・輕鬆讀